Winterliche Gaumenfreuden

Magda Drostel

WINTERLICHE GAUMENFREUDEN

KULINARISCH GENIESSEN – FESTLICH FEIERN

THORBECKE

Bibliografische Information der Deutschen Nationalbibliothek
Die Deutsche Nationalbibliothek verzeichnet diese Publikation in der Deutschen Nationalbibliografie; detaillierte bibliografische Daten sind im Internet über http://dnb.d-nb.de abrufbar.

GESTALTUNG
Finken & Bumiller, Stuttgart
GESAMTHERSTELLUNG
Jan Thorbecke Verlag, Ostfildern
Printed in Germany
ISBN 978-3-7995-3543-4

Inhalt

Verzeiht, ihr warmen Frühlingstage,
Ihr seid zwar schön, doch nicht für mich.
Der Sommer macht mir heiße Plage,
Die Herbstluft ist veränderlich;
Drum stimmt die Liebe mit mir ein:
Der Winter soll mein Frühling sein.

Der Winter zeigt an seinen Gaben
Die Schätze gütiger Natur,
Er kann mit Most und Äpfeln laben,
Er stärkt den Leib und hilft der Kur,
Er bricht die Raserei der Pest
Und dient zu Amors Jubelfest. [...]

Euch Brüder hätt ich bald vergessen,
Euch, die ihr nebst der deutschen Treu
Mit mir viel Nächte durch gesessen;
Sagt, ob wo etwas Bessres sei,
Als hier bei Pfeifen und Kamin
Die Welt mitsamt den Grillen fliehn.

Der Winter bleibt der Kern vom Jahre,
Im Winter bin ich munter dran,
Der Winter ist ein Bild der Bare
Und lehrt mich leben, weil ich kann;
Ihr Spötter redet mir nicht ein;
Der Winter soll mein Frühling sein.

Christian Günther,
Lob des Winters

VON DEN SCHÖNEN SEITEN DES WINTERS

Ungewöhnliche Wege beschreitet der barocke Dichter Johann Christian Günther (1695–1723) in seinem Gedicht »Lob des Winters«, denn der Winter war und ist eine Jahreszeit, die von den meisten Menschen eher ertragen als genossen wird. Es ist einfach, den Frühling zu loben, der in frischem Grün und leuchtenden Farben schwelgt, oder den Sommer mit seinen heißen Tagen und lauen Nächten zu genießen. Und selbst die kühler werdenden Herbsttage, in denen Äpfel, Pflaumen oder Reben zur vollen Reife gelangen, haben ihren ganz eigenen Reiz. Doch den Winter loben? ✻ Im Winter sind es weniger die Freuden der Natur als ganz einfache, dafür aber umso bedeutsamere Dinge, die der kalten Jahreszeit ihren Zauber verleihen – einige davon nennt auch Johann Christian Günther in seinem Gedicht. Da ist zum einen die Möglichkeit der Entspannung im Warmen, das man umso mehr genießen kann, als es im Widerspruch zur Kälte draußen steht. Es muss ja nicht der Kamin sein, von dem Günther spricht – es genügt ein beheizter Innenraum, in dem man es sich richtig gemütlich machen kann. Traditionell war der Winter die Jahreszeit, in der man sich mit Dingen beschäftigte, die drinnen erledigt werden konnten: Handarbeiten und handwerkliche Tätigkeiten zum Beispiel. Noch bis weit ins 20. Jahrhundert hinein traf man

Wenn die **NATUR IM WINTER** *ruht, kann man es sich drinnen so richtig gemütlich machen.*

sich auf dem Land an kalten Winterabenden in der warmen Stube. Das sparte Geld und Heizmaterial, musste man doch nur einen Raum beleuchten und heizen. Oft traf sich dort nicht nur die Familie, sondern auch die Nachbarn kamen und brachten Geschichten und Rätsel mit, die für Kurzweil beim Arbeiten sorgten. Alt und Jung saßen dann zusammen, gingen ihrer jeweiligen Tätigkeit nach und lauschten Schauergeschichten und Liedern oder plauderten miteinander. Meist brachte man zu diesen Treffen auch eine typisch winterliche Kleinigkeit zu essen mit – Plätzchen oder Früchtebrot etwa –, die dann alle gemeinsam genossen. Für die innere und äußere Wärme sorgten Punsch oder Gewürztee. ❋ Zu den schönen Seiten des Winters gehören zweifellos auch die vielen leckeren Gerichte und Getränke, die eng mit dieser Jahreszeit verknüpft sind – das Gedicht erwähnt zum Beispiel Most und Äpfel. Früher war man im Winter auf lange haltbares Obst und Gemüse angewiesen. Den ganzen Sommer hindurch, aber vor allem im Herbst, sorgte das Einlegen, Einkochen und Dörren von Beeren, Äpfeln, Birnen oder Pflaumen für große Geschäftigkeit. Im Winter jedoch freute man sich über jede kulinarische Erinnerung an sommerliche Streuobstwiesen und dicht mit Beeren behangene Sträucher. Eine große Rolle auf dem winterlichen Speisezettel spielte außerdem Fleisch, waren zu dieser Zeit die Gänse und Schweine doch ausreichend gemästet. Bei den meisten Menschen blieben sie allerdings Festtagen vorbehalten. ❋ Typische Wintergerichte sind dennoch meist gehaltvoll. Sie verwenden saisonale Produkte wie Kartoffeln oder haltbare Hülsenfrüchte und nutzen die wärmende Kraft vieler Gewürze. Auch wenn die meisten Gemüse heute ganzjährig erhältlich sind, schmecken sie doch im Herbst und Winter – kurz nach der Ernte – am besten. Ein wenig Fleisch verleiht den Wintergerichten die richtige deftige Würze. Oder sie überzeugen mit dem feinen nussigen Aroma von Mandeln, Walnüssen und Pistazien, der fruchtigen Süße von Dörrobst und Rosinen und winterlichen Gewürzen wie Zimt, Nelken und Kardamom. Daran hat sich bis heute nicht viel geändert. Auch wenn sich die meisten Menschen inzwischen kalorienbewusst ernähren, ist man doch geneigt, sich vor allem im Advent und an Weihnachten den Genüssen hinzugeben. Aus allen Ecken dringt zu dieser Zeit der Duft winterlicher Leckereien: Spekulatius und Lebkuchen, Christstollen und Panettone, aber auch der Festtagsbraten und feinen

GESELLSCHAFT UND KULINARISCHE VERGNÜGEN *versüßen den Winter (Henrik van Balen d. Ä., Der Winter, 17. Jahrhundert).*

Wildgerichte. Und es gehört schließlich dazu, die vielen guten Gerichte der Saison mit allen Sinnen zu genießen. * Am schönsten ist es, wenn die besten Seiten des Winters alle auf einmal zum Tragen kommen, wenn man also gutes Essen im Warmen und in netter Gesellschaft genießen kann. Für den richtigen Anlass sorgen die zahlreichen Feste der kalten Jahreszeit – von St. Martin über Weihnachten bis zu Silvester. Zahlreiche Rezepte laden in diesem Buch zum Ausprobieren und Genießen ein. Oder nehmen Sie ruhig einmal einen ungewöhnlicheren Grund zum Anlass – feiern Sie Halloween mit einem Mahl rund um den Kürbis oder laden Sie Ihre Freunde und Bekannten zum winterlichen Spieleabend oder zum Adventstee. Auch Freunde feinen Wildbrets kommen nicht zu kurz – für die verschiedensten Anlässe sind hier Rezepte und Dekorationsideen versammelt.

REZEPTE RUND UM DEN KÜRBIS – HALLOWEEN KULINARISCH

Auch wenn Halloween bei uns erst seit einigen Jahren ein Begriff ist, kann das Fest auf eine lange Tradition zurückblicken. Entstanden ist der Name aus *All Hallows' Even*, also »Allerheiligenabend«, womit der Abend vom 31. Oktober auf den 1. November gemeint ist. Historisch soll es auf das keltische Samhain-Fest zu Ehren des Totengottes Samhain zurückgehen, das um diese Jahreszeit gefeiert wurde. Im Zuge der Christianisierung entstand daraus das Allerheiligenfest, das vor allem in Irland heimisch wurde. Mit den vielen irischen Auswanderern gelangte es auch nach Nordamerika und Kanada, wo es sich bald zu einem regelrechten Volksfest für Kinder entwickelte. Kinder gehen dort mit schaurigen Verkleidungen von Haus zu Haus und fordern mit dem Ruf *trick or treat* Süßigkeiten ein. ✻ All dies wusste ich, und auch, dass ausgehöhlte Kürbisse mit Lichtern darin, *Jack O'Lantern* genannt, eine tragende Rolle bei dem Fest spielen. Doch Kürbis essen? Schon als Kind mochte ich die süßsauer eingelegten Kürbisstücke, die es als Beilage zum Essen oder abends als Essiggurkenersatz gab, nicht. Aber plötzlich – in den neunziger Jahren – gab es Halloween auch in Deutschland. Auf Gartensäulen, Toreinfahrten, Fenstersimsen, von überall her grinsten einen schon Wochen vor Allerheiligen die ausgehöhlten Kürbisse an. Und dann hielt der Kür-

KÜRBISSE UND CHRYSANTHEMEN *sorgen für Farben- und Formenreichtum im herbstlichen Garten.*

bis auch noch Einzug in die Hochglanzgazetten, wo er als floristisches Highlight in den verschiedensten Arrangements präsentiert wurde. Darüber hinaus erschienen in jeder Kochzeitschrift, die etwas auf sich hielt, dutzendweise Rezepte um den Kürbis. Zu einem wahren Kürbisanhänger wurde ich allerdings erst, als mir bei Freunden ein delikates Kürbisrahmsüppchen serviert wurde. Heute kann ich es kaum erwarten, bis die Kürbisse an den Ortsrändern zum Verkauf ausgelegt werden und lade meine Gäste dann gerne zum Essen ein – rund um den Kürbis.

SCHARFER LINSENSALAT MIT KÜRBIS

FÜR 6–8 PERSONEN

300 g Berglinsen | Salz | 6 EL weißer Balsamicoessig | Pfeffer | Tabascosauce | 1 Chilischote | 2 Knoblauchzehen | 6 EL Rapsöl | 350 g Kürbis | 1 Karotte | ½ Kopf Romanesco *(grüner Blumenkohl)* oder Brokkoli | 3 Frühlingszwiebeln

❶ Die *Berglinsen* in einem Topf mit ca. 700 ml Wasser bei schwacher Hitze ca. 15 Minuten kochen lassen. Erst in der letzten Minute das *Salz* zugeben, da die Linsen sonst nicht weich werden. Wasser abgießen. ❷ Zwischenzeitlich den *Essig* mit *Salz*, *Pfeffer* und einigen Spritzern *Tabascosauce* verrühren. Die *Chilischote* entkernen und sehr klein schneiden. Die *Knoblauchzehen* klein hacken und zusammen mit dem *Öl* in die Marinade geben. ❸ Den *Kürbis* und die *Karotte* schälen und in sehr kleine Würfel schneiden. Den *Romanesco* in kleine Röschen zerteilen. Die *Frühlingszwiebeln* in Ringe schneiden. Das klein geschnittene Gemüse in der Marinade kurz ziehen lassen. ❹ Die abgekühlten Linsen dazurühren und ziehen lassen. Wahrscheinlich müssen Sie noch nachwürzen, da die Linsen den Essig sehr stark aufnehmen.

KÜRBISGNOCCHI

FÜR 4 PERSONEN

400 g Kürbis *(am besten Hokkaido)* | 400 g mehlig kochende Kartoffeln | 100 g doppelgriffiges Mehl, zum Beispiel Wiener Griessler | Salz | 1 Eigelb | Parmesan | Gouda | *Beilage: Rucola oder Feldsalat*

❶ Den *Kürbis* und die *Kartoffeln* schälen, in kleine Würfel schneiden und in einem Topf in Wasser weich kochen. Wasser abgießen. ❷ Die Masse zerdrücken und mit *Mehl*, *Salz* und *Eigelb* zu einem Teig verkneten. Den Teig zu einer daumendicken Rolle formen. Davon ca. 3 Zentimeter lange Stücke abschneiden und etwas rund formen. Für das typische Gnocchimuster einmal mit der Gabel Rillen eindrücken. Etwas trocknen lassen. ❸ In einem großen Topf Wasser aufkochen, *Salz* zugeben und die Gnocchi kurz kochen, bis sie wieder an die Oberfläche kommen. Gnocchi herausnehmen, *Parmesan* und *Gouda* darüber hobeln und mit *Rucola* oder *Feldsalat* servieren.

Chili und Pfeffer verleihen dem KÜRBIS-LINSEN-SALAT *einen Hauch Finesse.*

KÜRBIS-CHUTNEY

FÜR ETWA 3 TWIST-OFF GLÄSER

Der ideale Kürbis-Resteverwerter – passt gut zu kurz gebratenem Fleisch und Geflügel

1 kg geschälte Kürbisreste | 2 Boskop-Äpfel | 2 rote Zwiebeln | 3 Knoblauchzehen | 1 rote Chilischote | 3 Twist-off Gläser mit Deckel | 2 EL Öl | 300 ml weißer Balsamico-Essig | 250 g brauner Zucker | 2 TL Koriandersamen | 1 Messerspitze gemahlener Piment | ½ Glas Wildpreiselbeeren | Salz | Pfeffer

❶ Die *Kürbisreste* klein schneiden. Die *Äpfel* waschen, vierteln, das Kerngehäuse entfernen und in kleine Würfel schneiden. Die *Zwiebeln* fein würfeln, den *Knoblauch* zerdrücken. Die *Chilischote* abspülen und halbieren. Die Kerne und Trennwände entfernen und die Chili fein hacken. ❷ Die Twist-off Gläser und die Deckel mit kochendem Wasser ausspülen und umgedreht auf ein Küchentuch stellen. ❸ Das *Öl* in einem Topf erhitzen und die Zwiebeln darin andünsten. Den Knoblauch, die Chili, den Kürbis, den *Balsamico-Essig*, den *Zucker* und die *Gewürze* zugeben und das Ganze unter ständigem Rühren in ca. 40 Minuten zu Mus kochen. ❹ Die *Wildpreiselbeeren* zugeben, nochmals aufwallen lassen. Mit *Salz* und *Pfeffer* abschmecken und sofort randhoch in die Twist-off-Gläser füllen. Sofort gut mit dem Deckel verschließen und auf den Kopf stellen. Abkühlen lassen.

SCHARFE KÜRBIS-RAHMSUPPE

FÜR 6–8 PORTIONEN

Eine raffinierte Suppe, etwas exotisch angehaucht

600 g Kürbisfleisch | 2 Becher Sahne | 800 ml Gemüsebrühe *(Instant)* | 2 kleine rote Chilischoten | 5 Zentimeter klein gehackten frischen Ingwer | 2 Knoblauchzehen | abgeriebene Schale einer halben Limette | 2 EL Limettensaft | Salz | Pfeffer | Cayennepfeffer | ein Klecks geschlagener Sahne | 300 g Garnelenschwänze ohne Schale und Darm

❶ Das *Kürbisfleisch* würfeln und zusammen mit der *Sahne* und der *Gemüsebrühe* ca. 30 Minuten kochen. Danach mit dem Mixstab fein pürieren. ❷ Die *Chilischoten* entkernen und den *Ingwer* schälen. Beides sehr fein würfeln und zusammen mit den durchgepressten *Knoblauchzehen* sowie der *Limettenschale* und dem *Limettensaft* zur Suppe geben. Mit *Salz*, *Pfeffer* und *Cayennepfeffer* scharf abschmecken und einen Klecks geschlagene *Sahne* einrühren. ❸ Die *Garnelenschwänze* in heißem Öl je Seite 2–3 Minuten scharf anbraten. Mit *Salz* und *Pfeffer* würzen und zur Suppe servieren.

Kürbis, Chili und Garnelen gehen in der **SCHARFEN KÜRBIS-RAHMSUPPE** *eine exotische Verbindung ein.*

Und last, but not least ein Dessert mit Kürbis:

WAFFELN MIT KÜRBIS-ORANGEN-CREME

FÜR 4 PERSONEN

Für diese Nachspeise kann die Creme gut vorbereitet werden, während die Waffeln, die frisch hergestellt werden, die Essensrunde beleben, denn Ihre Gäste können beim Backen der Waffeln dabei sein.

Kürbis-Orangen-Creme

200 g Muskatkürbis in Stückchen | 100 ml Orangensaft | abgeriebene Schale einer Bio-Orange | 2 EL Rohrzucker | Mark einer Vanilleschote | 1 Messerspitze Zimt | 100 g Sahne | 150 g Crème double | 2 cl Cointreau oder Grand Marnier

❶ Den *Kürbis* grob raspeln und mit *Orangensaft und -schale*, *Zucker*, *Vanillemark* und *Zimt* auf mittlerer Hitze so lange köcheln lassen, bis alle Flüssigkeit verdampft ist. Abkühlen lassen. ❷ Die *Sahne* steif schlagen. Die *Crème double* mit dem *Orangenlikör* dickcremig aufschlagen und zusammen mit der Sahne unter das Orangen-Kürbis-Püree ziehen.

Waffelteig

3 Eiweiß | 1 Päckchen Vanillezucker | 200 g Mehl | 1 TL Backpulver | 125 g zerlassene Butter | 3 Eigelb | 100 g gemahlene Mandeln | ca. 50 ml Wasser | Zimtzucker | Schokoraspel

❶ Das *Eiweiß* steif schlagen und dabei den *Vanillezucker* einrieseln lassen. Das *Mehl* mit dem *Backpulver* vermischen. ❷ Das Mehl mit *Butter*, *Eigelb*, *Mandeln* und *Wasser* mit dem Rührgerät zu einem glatten Teig rühren. Das Eiweiß vorsichtig unterheben. ❸ Das Waffeleisen erhitzen, mit Butterfett einpinseln und den Teig portionsweise ausbacken. Die Waffeln mit *Zimtzucker* bestreuen und die Orangen-Kürbis-Creme darauf verteilen. Mit *Schokoraspeln* garnieren.

TIPP

WENN SIE DIE NACHSPEISE FÜR ALLE GEMEINSAM AUF DEN TISCH BRINGEN WOLLEN, DANN KÖNNEN SIE DIE **WAFFELN** IM AUF 50 °C GEHEIZTEN BACKOFEN **AUF EINEM KUCHENGITTER WARM HALTEN**. DABEI NIE DIE WAFFELN AUFEINANDER LEGEN, DA SIE SONST WEICH WERDEN.

KÜRBISSE *müssen nicht immer rund und orange sein – es gibt die Verwandlungskünstler der Dekoration in den verschiedensten Farben, Mustern und Formen.*

EINLADUNG ZUR MARTINSGANS

MEIN DEKOVORSCHLAG
für eine Einladung zur Martinsgans ist ein Arrangement aus vielen verschiedenen Nikoläusen und Weihnachtsmännern in verschiedenen Größen zusammen mit anderen adventlichen Motiven. Den Tisch decke ich dazu passend ganz in Rot und Weiß – mit einer weißen Tischdecke, roten Platzsets, roten Teelichtern und weiß eingefärbten Zweigen.

Rund um den 11. November zieren auf alle erdenkliche Art zubereitete Martinsgänse die Speisekarten der meisten Restaurants. In den Supermärkten sind die Kühlregale mit den Gänsen wohlgefüllt und warten auf hungrige Geflügelliebhaber, die sich die Delikatesse schmecken lassen wollen. Doch was genau hat der Heilige eigentlich mit den Gänsen zu tun? ❋ Folgende Legende berichtet, wie der Heilige zu den Gänsen kam: Der heilige Martin, ein sehr bescheidener und frommer Mönch, erhielt Wind davon, dass man ihn zum Bischof von Tours ernennen wolle und eine große Menschenmenge auf sein Kloster zuströme. Da er aber nicht Bischof werden wollte, wusste er keinen anderen Ausweg, als sich in einem Gänsestall zu verstecken. Die Gänse verrieten ihn jedoch durch ihr aufgeregtes Geschnatter, sodass er dem Amt doch nicht entkommen konnte. ❋ Es ist ungewöhnlich, dass ein Heiliger das Brauchtum derart prägte und prägt wie der heilige Martin. Er starb vermutlich am 8. November 397, zu Lebzeiten schon eine Legende ob seines frommen Lebenswandels. Schon bald strahlte seine Verehrung auf die ganze damalige Kirche aus, und es entstanden allerorts Martinskirchen und Martinsbräuche, wie die Laternenumzüge der Kinder, der Festschmaus zu Hause oder das Verteilen von Geschenken. ❋ Geblieben ist von diesen Bräuchen auch der Pelzmärtel, der die Kinder am Martinsabend aufsucht und ihnen, wenn sie brav ihr Gebet oder Gedicht aufgesagt haben, Geschenke übergibt. Er hat also die gleiche Funktion wie der Nikolaus am 6. Dezember, wobei der Pelzmärtel mehr in den protestantischen Gemeinden in Süddeutschland verbreitet ist. Früher unterschied er sich vom Nikolaus auch durch sein Aussehen. Er hatte meist einen Schaffellmantel an – daher der Name Pelzmärtel –, der mit einer Kette gegürtet war, natürlich auch einen Rauschebart, Stiefel und eine hohe Mütze. Heute erscheint er wie der Nikolaus im roten Bischofsgewand mit Kapuze oder Mitra. ✻ Ein weiterer Zusammenhang zwischen dem Martinstag und der Gans ergibt sich dadurch, dass der Martinstag in früheren Jahren eine große Rolle als Stichtag für die Bezahlung der Pacht spielte. Diese wurde nicht nur mit Geld entrichtet, sondern hauptsächlich in Naturalien, wie Korn, Schweinen, aber auch geschlachteten Gänsen, denn die waren um diese Zeit schon schön fett geworden. Daher gab es an Martini oftmals Gänsebraten bei den Pachtherren. Dieser schöne und vor allem schmackhafte Brauch hat sich bis heute erhalten. Auch ich lade meine Freunde gern zu einer Martinsgans ein, die ich je nach Geschmack und Anlass ganz traditionell oder mit immer wieder anderen Füllungen zubereite. Hier einige Möglichkeiten.

Am schönsten ist es, im Winter vor dem **WARMEN KAMIN** *zu sitzen. Eine Girlande aus Tannengrün und getrockneten Orangenscheiben und Nikolausstiefel, die auf ihre Füllung warten, schmücken den Kaminsims.*

TRADITIONELLE MARTINSGANS

FÜR 4–6 PORTIONEN

1 küchenfertige Gans von 4–5 kg *(am besten vom Bauern oder Markt)* | Salz | Pfeffer | 4 Zwiebeln | 4 Äpfel (Boskop) | 2 Stängel Beifuß | 1 l Wasser | 1 Lorbeerblatt | 2 Nelken | 2 EL Apfelmus

❶ Die *Gans* waschen, trocken tupfen und evtl. noch vorhandene Federn mit der Pinzette herausziehen. Mit *Salz* und *Pfeffer* innen und außen fest einreiben. ❷ Die *Zwiebeln* schälen und vierteln. Die *Äpfel* schälen, das Kernhaus herausschneiden und ebenfalls vierteln. Den *Beifuß* abrebeln und alles zusammen in die Bauchhöhle füllen. ❸ Die Gans zunähen oder verschnüren, indem man rechts und links der Öffnung Zahnstocher steckt und mit Küchengarn kreuzweise verschnürt. Die Keulen zusammenbinden. ❹ Die Gans mit der Brust nach unten in einen großen Bräter legen und im vorgeheizten Backofen bei ca. 200 °C eine Stunde schmoren lassen. Dann das ausgetretene Fett abgießen. ❺ *1 l kochendes Wasser* mit dem *Lorbeerblatt* und den *Nelken* in den Bräter geben, die Temperatur auf 180 °C herunterschalten und die Gans ca. 3 Stunden fertig braten. Dabei immer wieder mit der Sauce begießen und die Gans nach der halben Garzeit umdrehen. ❻ Nach der Hälfte der Garzeit sollte man die Haut um die Keulen herum mit einem Zahnstocher einstechen. Um eine besonders krosse Haut zu bekommen, kann man die Gans während der Garzeit mit schwach gesalzenem Wasser bepinseln. ❼ Die Gans aus dem Bräter nehmen, auf ein Backblech legen und bei 220 °C fünfzehn Minuten überbräunen lassen. ❽ Die Bratrückstände am Bräterrand lösen, die Sauce entfetten und mit *2 EL Apfelmus* binden, evtl. nachwürzen.

Es muss nicht immer eine ganze Gans sein: **GÄNSEKEULEN MIT KARTOFFEL-SAUERKRAUT-RÖSTI.**

MARONENFÜLLUNG

500 g Maronen, am besten geschält | ½ Toastbrot | etwas Milch | 500 g Kalbsbratwurstbrät | 2 fein gehackte Zwiebeln | 1 Bund Petersilie | Salz | Pfeffer | Muskatnuss

❶ Geschälte *Maronen* klein hacken. Falls Sie ungeschälte Maronen haben, müssen diese kreuzweise eingeritzt, in kochendem Salzwasser 5 Minuten gekocht und dann sofort geschält werden. Maronen also nur portionsweise kochen. Erkalten lassen und klein hacken. ❷ Das *Toastbrot* entrinden und in feine Scheiben schneiden. In etwas *Milch* einweichen und mit dem *Kalbsbrät* und den Maronen vermischen. ❸ Die *Zwiebeln* in Butterschmalz andünsten und mit der fein gehackten *Petersilie* unter die Fülle kneten. Mit *Salz*, *Pfeffer* und *Muskatnuss* abschmecken und die Masse in die Gans füllen. Zunähen wie oben beschrieben.

TIPP

BEI EINER GEFÜLLTEN GANS MUSS DIE **BRATZEIT** UM EINE HALBE STUNDE VERLÄNGERT WERDEN.

HONIGKUCHEN-NUSS-FÜLLUNG

* *

200 g Äpfel | 400 g Honigkuchen | 100 g Walnüsse | 2 EL Rosinen | 100 g geröstete Pinienkerne | 2 Eier | 1 Messerspitze Koriander

* *

❶ Die *Äpfel* schälen, entkernen und raspeln. Den *Honigkuchen* zerbröseln, die *Walnüsse* in einer Pfanne ohne Fett leicht anrösten und hacken. ❷ *Rosinen*, *Äpfel*, *Honigkuchen*, *Walnüsse* und *Pinienkerne* mit den *Eiern* und dem *Koriander* vermischen und in die Bauchhöhle füllen. Zunähen.

Meist werden zur Gans Knödel und Rotkohl gereicht. Wenn schon Rotkohl, dann sollten Sie ihn am besten mit Granatapfelkernen verfeinern.

GÄNSEKEULEN

FÜR 4 PERSONEN

Für eine kleinere Einladung, für die eine ganze Gans einfach zu viel wäre, bieten sich auch Gänsekeulen und Gänsebrüste an. Sie sind schneller fertig und ersparen das Tranchieren.

* *

4 Gänsekeulen | Salz | Pfeffer aus der Mühle | 2 EL Butterschmalz | 1 Bund Suppengrün | 1 klein geschnittener Apfel | 3/8 l heißes Wasser | Salzwasser | 2 TL Speisestärke

* *

❶ Die *Gänsekeulen* mit *Salz* und *Pfeffer* würzen. Das *Butterschmalz* in einem flachen Bräter heiß werden lassen und die Keulen von jeder Seite etwa 10 Minuten anbraten, damit das Fett austreten kann. ❷ Das *Suppengrün* putzen und waschen, in Streifen schneiden und zusammen mit den *Apfelstückchen* zu den Gänsekeulen geben. Nach dem Anbraten das Fett abgießen. Den Bräter in den vorgeheizten Backofen bei 190 °C stellen und nach und nach das *heiße Wasser* zugießen. Den Bräter schließen und die Keulen ca. 30 Minuten braten lassen. Dann den Topfdeckel öffnen und 30 Minuten weiterbraten. Um eine krosse Haut zu erhalten, können Sie die Keulen ab und zu mit *Salzwasser* einpinseln. ❸ Die Gänsekeulen aus der Bratpfanne nehmen und warm stellen. Den Bratenfond durch ein Haarsieb in einen Topf gießen. Wenn die Sauce noch zu fett ist, einen Saucentrenner benutzen. Die *Speisestärke* mit 3 EL Wasser anrühren und in die kochende Sauce geben. Mit *Salz* und *Pfeffer* abschmecken.

Dazu schmecken Kartoffel-Sauerkraut-Rösti.

KARTOFFEL-SAUERKRAUT-RÖSTI

ERGIBT CA. 8 STÜCK

3 große Kartoffeln | 200 g Sauerkraut | 1 Ei | 1 EL gehackte Petersilie | 1 klein gehackte Zwiebel | Salz | Pfeffer | Butterschmalz zum Ausbacken

❶ *Kartoffeln* schälen und in eine Schüssel mit Wasser fein raspeln. Dann das Wasser abgießen und die Kartoffeln gut ausdrücken. *Sauerkraut* ebenfalls ausdrücken und zu den Kartoffeln geben. Das *Ei*, die *Petersilie* und die *Zwiebel* zufügen und alles vermengen. Mit *Salz* und *Pfeffer* abschmecken. ❷ In einer Pfanne *Butterschmalz* erhitzen und pro Rösti eine halbe Schöpfkelle der Kartoffelmasse hineingeben und flach drücken. Je 5 Minuten von jeder Seite rösch anbraten und zusammen mit den Keulen servieren.

GÄNSE-CONFIT

FÜR EINEN TOPF

1 küchenfertige, mittelgroße Gans vom Bauern oder Markt | Salz | evtl. etwas Schweineschmalz | 10 Zehen Knoblauch | 1 Päckchen weiße Pfefferkörner | 1 Päckchen Gewürznelken

❶ *Gans* waschen und gut abtrocknen. Alles Fett (unter der Haut) herausschneiden, was etwas mühselig ist. Dann die Gans vierteln, alle Teile ringsum gut einsalzen und in einer mit einem Tuch abgedeckten Schüssel über Nacht stehen lassen. ❷ Am folgenden Tag das Gänsefleisch von den Knochen lösen und abtrocknen. Das abgeschnittene *Gänseschmalz* in einem großen Topf zergehen lassen. Sobald das Fett schmilzt, das Gänsefleisch hineinlegen, wobei das Fleisch ganz von dem Schmalz bedeckt sein muss. Falls nicht genügend Gänseschmalz vorhanden ist, muss etwas *Schweineschmalz* hinzugegeben werden. ❸ Die *Knoblauchzehen* zusammen mit den zerdrückten *Pfefferkörnern* und den *Nelken* in ein Leinenbeutelchen füllen und mit in das Schmalz legen. Nun das Fleisch unter gelegentlichem Umrühren ca. 3 Stunden im Schmalz garen, bis es weich ist. ❹ Dann das Fleisch herausnehmen und in einen Steinguttopf oder eine Terrine mit Deckel eine Schicht Schmalz hineingießen. Die Gänseteile darauf legen und mit dem Fett aufgießen, bis das Fleisch vollkommen bedeckt ist. ❺ Am nächsten Tag nochmals nachschauen, ob das Fleisch bedeckt ist und evtl. noch etwas Schmalz nachgießen. Dann den Topf entweder mit Pergamentpapier oder mit einem Deckel gut verschließen und kühl aufbewahren.

TIPP

MAN KANN **DIESES CONFIT** KALT ZU SALATEN UND GERÖSTETEM BROT REICHEN ODER DAS FLEISCH AUS DEM SCHMALZ NEHMEN UND IN DER PFANNE SCHÖN KNUSPRIG ANRÖSTEN, WOZU WUNDERBAR IN GÄNSEFETT GEBRATENE KARTOFFELN PASSEN.

Dodo

NIKOLAUSSTIEFEL UND STERNE AUS PFEFFERKUCHENTEIG

ERGIBT JE NACH GRÖSSE 4–6 STIEFEL

Platzkarten und Tischdekoration zum Aufessen

200 g Butter | 200 g feinster Zucker | 150 g brauner Zucker | 300 g Mehl | 1 TL Backpulver | 1 TL Zimt | 1 TL Lebkuchengewürz | 2 Eier | 2 EL kaltes Wasser | *Zur Beschriftung der Nikolausstiefel entweder fertige Zuckerschrift aus der Tube (zum Beispiel von Schwartau) oder 1 Eiweiß und 150 g Puderzucker nehmen*

❶ Die *Butter* in einem Topf schmelzen lassen, die *beiden Zuckersorten* zugeben und das Ganze abkühlen lassen. ❷ Das *Mehl* mit dem *Backpulver* und den *Gewürzen* auf eine Arbeitsfläche sieben. In eine Mulde die verquirlten *Eier* und das *Wasser* geben und alles mit dem Mehl vermischen, dabei Zug um Zug die Butter-Zucker-Mischung unterkneten. ❸ Den Teig kurz weiterkneten, bis sich alle Zutaten gut vermischt haben, dann in eine Schüssel legen und zugedeckt ca. 2 Stunden im Kühlschrank ruhen lassen. ❹ Zwischenzeitlich aus Karton eine Schablone für den Nikolausstiefel ausschneiden und Ausstechformen für die Sterne bereitlegen. ❺ Den Teig auf bemehlter Arbeitsfläche ca. 5 Millimeter dick ausrollen und mittels der Schablone die Stiefel mit dem Teigroller ausschneiden und Plätzchen ausstechen. Die Formen dann auf ein mit Backpapier ausgelegtes Backblech legen. Im vorgeheizten Backofen bei 175 °C ca. 12 Minuten backen. Abkühlen lassen. ❻ Die Nikolausstiefelchen mit den Namen der Gäste beschriften. Dazu verwenden Sie am besten *fertige Zuckerschrift*. Sie können aber auch aus dem *Eiweiß* und dem *Puderzucker* selbst einen Guss herstellen, den Sie in einen Gefrierbeutel füllen. Eine winzige Ecke des Gefrierbeutels abschneiden, um eine feine Schrift zu erhalten.

PLATZKARTEN *aus selbst gemachten Nikolausstiefeln sorgen bei den Gästen für Begeisterung.*

SPIELEABEND IM WARMEN

Lange Winterabende laden geradezu dazu ein, sich in Gesellschaft die Zeit zu vertreiben. Wenn draußen früh die Dunkelheit hereinbricht und kalte Nebel alles einhüllen, ist es Zeit, sich mit Freunden um den Kamin zu scharen und bei Plaudereien und Spielen das Gefühl von Geborgenheit auszukosten. Dieser Brauch hat lange Tradition – schon im 13. Jahrhundert berichtet der Dichter Neidhart davon, dass in den warmen Stuben Würfelspiele gespielt wurden. Früher traf man sich an den Abenden zu gemeinsamer Handarbeit, zum Singen und Spielen. Diese Praxis hatte den Vorteil, dass man nur einen Raum heizen und beleuchten musste. Vor allem aber vergeht die Zeit in Gesellschaft schneller und angenehmer. Wenn dann noch appetitliche Kleinigkeiten und ein gutes Glas Wein dazukommen, sind der guten Laune keine Grenzen gesetzt. ❋ Gerne lasse ich diesen Brauch aufleben und lade Freunde oder Bekannte zum Spieleabend vor dem Kamin oder einfach zu einer lockeren Plauderrunde. Dabei gibt es kein Menü, sondern vor allem Fingerfood – leckere kleine Köstlichkeiten, die sich einfach nebenher naschen lassen, denn hier spielt nicht das Essen die Hauptrolle, sondern die Gesellschaft.

Für einen **SPIELEABEND** *muss kein großer Aufwand an Dekoration und Kochen betrieben werden. Die Gäste freuen sich über kleine Leckereien – wie die Mini-Calzone rechts unten oder die dekorativen Putenröllchen, die sich mit den Fingern essen lassen – so können sie ihre Aufmerksamkeit vor allem dem widmen, worum es an diesem Abend geht: dem Spielen.*

MINI-CALZONE

ERGIBT JE NACH GRÖSSE 5–8 STÜCK

Bei Calzone handelt es sich um gefüllte Pizzataschen, die schon zu den Klassikern der italienischen Küche gehören. Im Miniformat sind sie genau richtig als Fingerfood oder zur Zierde eines Büffets.

Teig

200 g Mehl | ½ Päckchen Trockenhefe | 1 Prise Zucker | 1 Prise Salz | 125 ml lauwarmes Wasser | 2 EL Olivenöl

Das *Mehl* mit der *Trockenhefe*, dem *Zucker* und dem *Salz* mischen. Das *lauwarme Wasser* dazugießen und mit dem Knethaken des Rührgeräts verkneten. Das *Olivenöl* zugeben und alles zu einem geschmeidigen Teig kneten. Zugedeckt in einer Schüssel an einem warmen Ort gehen lassen.

In der Zwischenzeit die Füllung herstellen:

Die **MINI-CALZONE** *sind dekoratives Fingerfood.*

Füllung

75 g gekochter Schinken | 75 g Salami oder roher Schinken | 150 g Mozzarella | 125 g Ricotta oder Speisequark | 50 g Parmesan oder geriebener Edamer | 2 Frühlingszwiebeln | 3 Eier | Salz | Pfeffer aus der Mühle | 1 Zweig frischer Oregano (oder 1 TL getrockneter) | Olivenöl | evtl. Pinienkerne zur Dekoration | *Außerdem: Zahnstocher*

❶ Den *Schinken* und die *Salami* in feine Streifen schneiden. Den *Mozzarella* fein würfeln und den *Ricotta* durch ein feines Sieb streichen. ❷ Schinken- und Salamistreifen, Mozzarellawürfel, Ricotta und *Parmesan* vermischen. *Frühlingszwiebeln* klein schneiden und ebenfalls dazugeben. *2 Eier* darunterschlagen und mit *Salz* – Vorsicht, der Schinken ist schon gesalzen! –, *Pfeffer* und *Oregano* würzen. ❸ Den zwischenzeitlich aufgegangenen Teig auf einer bemehlten Arbeitsplatte nochmals kräftig durchkneten und ca. ½ Zentimeter dick ausrollen. Runde Kreise mit ca. 13 Zentimetern Durchmesser ausstechen. ❹ Die Mitte der Teigplatte mit etwas *Öl* bestreichen. Die Füllung mit einem Esslöffel auf die eine Teighälfte setzen, den Teigrand mit verquirltem *Eigelb* bestreichen und die freie Teighälfte darüberklappen. Den Rand mit einer Gabel festdrücken und die Teigtasche mit einem Zahnstocher mehrmals einstechen. ❺ Aus dem übrig gebliebenen Teig kleine Verzierungen wie Blätter, Kordeln o.Ä. ausschneiden und mit dem verquirlten Eigelb auf die Calzone legen, evtl. mit *Pinienkernen* verzieren. Auf ein mit Backpapier ausgelegtes Backblech legen und weitere 15 Minuten gehen lassen. ❻ Zwischenzeitlich den Backofen auf 200 °C vorheizen. Die Calzone nochmals mit etwas Öl und *Ei* bepinseln und ca. 15 Minuten backen. Heiß servieren.

LACHSTALER

FÜR 20 TALER

ganz schnell herzustellen

150 g geräucherter Lachs | 150 g Doppelrahm-Frischkäse | 1 EL Zitronensaft | 1 Prise gemahlener Pfeffer | 1 Packung rundes Pumpernickelbrot in Scheiben oder Kräcker | etwas Kaviar zur Garnitur

❶ Den geräucherten *Lachs* mit einer Gabel in kleine Teilchen zerfasern. Mit dem *Frischkäse* und dem *Zitronensaft* verrühren und mit dem *Pfeffer* abschmecken. ❷ Die Masse in einen Spritzbeutel mit großer Lochtülle füllen und auf die *Pumpernickeltaler* aufspritzen. Mit etwas *Kaviar* dekorieren. Fertig!

SCHINKEN-PILZ-SÄCKCHEN

FÜR 20 SÄCKCHEN

delikat und schnell gemacht

1 kleine Schalotte | 50 g gekochter Schinken | 2 EL Frischkäse | 10 Scheiben Parmaschinken | 1 Glas Cocktail-Champignons (fertig eingelegte Pilze) | Schnittlauch

❶ Die *Schalotte* und den gekochten *Schinken* sehr fein schneiden und beide zusammen in etwas Butter anschwitzen. Abkühlen lassen und mit dem *Frischkäse* vermengen. ❷ Die Schinkenscheiben halbieren. In die Mitte jeder Scheibe 1 TL der Schinken-Frischkäse-Mischung geben und einen *Champignonkopf* darauf platzieren. Dann den Schinken darüber zusammenraffen und mit *Schnittlauch* zusammenbinden, sodass ein Säckchen entsteht.

SATÉ-SPIESSE MIT ERDNUSS-SAUCE

Leicht vorzubereiten und blitzschnell fertig

Saté-Spieße

200 g Putenschnitzel | 200 g Schweineschnitzel | 200 g Rumpsteak | ca. 3 Zentimeter frischen Ingwer | 100 ml Kokosmilch | 1 EL Limettensaft | 1 TL gemahlener Koriander | ½ TL Kumin *(Kreuzkümmel)* | Schaschlikspieße

❶ Das *Fleisch* in ca. 3 Zentimeter breite lange Streifen schneiden und wellenförmig auf gewässerte *Schaschlikspieße* aufstecken. ❷ Den *Ingwer* schälen und klein hacken. Die *Kokosmilch* mit dem *Limettensaft*, den *Gewürzen* und dem Ingwer verrühren und die Fleischspieße damit bestreichen. 1–2 Stunden im Kühlschrank marinieren.

Erdnuss-Sauce

100 g geröstete gesalzene Erdnüsse | 300 ml Kokosmilch | 1 EL scharfe Currypaste | 1 TL brauner Zucker | Saft von 1 Limette | 2 EL Fischsauce

❶ Die *Erdnüsse* fein hacken. *Kokosmilch*, *Currypaste*, *Zucker*, *Limettensaft* und *Fischsauce* mischen und zusammen mit den Erdnüssen aufkochen. Ca. 15 Minuten kochen, bis die Sauce cremig ist. Abkühlen lassen. ❷ Die Spieße entweder im Backofengrill oder in der Pfanne ca. 3 Minuten auf jeder Seite anbraten. Sofort zusammen mit der Erdnuss-Sauce servieren.

GEWÜRZNÜSSE

Selbst gemachte Delikatessen

100 g ungeschälte Mandeln | 100 g Cashewnüsse | 100 g Paranüsse | 100 g Walnusshälften | 100 g Haselnüsse | 100 g Macadamianüsse | 3 TL Öl | 3 TL Rauchsalz | Paprika Edelsüß zum Bestäuben

❶ Die *Nüsse* nach Sorte getrennt mit je *½ TL Öl* und *½ TL Rauchsalz* mischen. Die *Mandeln* zusätzlich mit etwas *Paprikapulver* bestäuben. ❷ Die Nüsse auf ein Backblech legen und im vorgeheizten Backofen bei 200 °C 15 Minuten rösten.

GEFÜLLTE PUTENRÖLLCHEN

FÜR 24 RÖLLCHEN

Ganz einfach herzustellen – dekorativ

200 g Frischkäse | 2 EL Zitronensaft | 2 TL Senf | 100 g geräucherter Schinken | ½ rote Paprikaschote | 1 Stängel Petersilie | 2 getrocknete Tomaten | Salz | Pfeffer | ½ Kopfsalat | 12 Scheiben geräucherter Putenbrustaufschnitt

❶ Den *Frischkäse* mit dem *Zitronensaft* und dem *Senf* glattrühren. Den *geräucherten Schinken* und die *Paprikaschote* in feine Streifen schneiden. Schinken, Paprikaschote, *Petersilie* und *Tomaten* unter die Frischkäsemasse rühren. Mit *Salz* und *Pfeffer* abschmecken. ❷ Die *Kopfsalatblätter* waschen, trocken tupfen und halbieren. Die dicken Salatrippen herausschneiden. ❸ Die *Putenbrustscheiben* ausbreiten, die Salatblätter darauf legen und die Füllung darüber verteilen. Aufrollen und mit einem scharfen Messer halbieren. In Papiermanschetten setzen und servieren.

LEBERWURST-TERRINE

Ein köstlicher Aufstrich – ganz einfach herzustellen und im Kühlschrank 2–3 Tage haltbar

200 g Kalbsleberwurst | 2 EL Doppelrahm-Frischkäse | 1 Apfel | 1 Zwiebel | 2 Knoblauchzehen

❶ Die *Kalbsleberwurst* und den *Frischkäse* mit einer Gabel zerdrücken und miteinander verrühren. Den *Apfel* fein raspeln. Die *Zwiebel* und die *Knoblauchzehen* fein würfeln. ❷ Alles unter die Leberwurstcreme rühren und in eine kleine Terrine geben. Mit geröstetem Brot servieren.

Etwas Fingerspitzengefühl beim Zuknoten brauchen die **SCHINKEN-PILZ-SÄCKCHEN** *in der Mitte. Die* **PUTENRÖLLCHEN** *hingegen sind schnell gemacht und sehen genauso hübsch aus.*

PIKANTE BLÄTTER-TEIG-PASTETCHEN

Für Blätterteigfans

150 g gekochten Schinken | 2 Zwiebeln | 2 Knoblauchzehen | 2 EL Butter | 100 g Doppelrahm-Frischkäse | 100 g Kalbsleberwurst | ½ Bund Petersilie | ½ TL Majoran | 3 El Cognac | Salz | Pfeffer | 2 Pakete fertig ausgerollten Blätterteig aus der Kühltheke | 1 Ei

❶ *Gekochten Schinken*, *Zwiebeln* und *Knoblauchzehen* im Mixer klein hacken und mit der *Butter* in einer Pfanne ca. 8 Minuten anschwitzen. In eine Schüssel geben und abkühlen lassen. ❷ *Frischkäse*, *Leberwurst*, *klein gehackte Petersilie*, *Majoran* und *Cognac* zugeben und mit *Salz* und *Pfeffer* abschmecken. ❸ Den *fertigen Blätterteig* auf einer bemehlten Arbeitsfläche auslegen und entweder mit einer Ausstechform oder einem Glas Teigkreise von ca. 10 Zentimetern Durchmesser (für den Pastetenboden) und ca. 7 Zentimetern Durchmesser (für den Deckel) ausstechen. ❹ Aus Backpapier, der Anzahl der Pasteten entsprechend, Kreise mit ca. 12 Zentimetern Durchmesser ausschneiden. Einen größeren Teigkreis darauf legen und in die Mitte 2 EL der Füllung geben. ❺ Den Rand mit dem *verquirlten Ei* bestreichen und den kleineren Teigkreis darauf setzen. Die Ränder gut zusammendrücken und die Oberseite mit Ei bestreichen. Dieses Pastetchen mit dem Backpapierkreis vorsichtig in die Vertiefungen eines Muffinbleches platzieren und im vorgeheizten Backofen bei 200 °C ca. 25–30 Minuten backen.

TIPP

DIE PASTETCHEN KÖNNEN SOWOHL HEISS ALS AUCH KALT SERVIERT WERDEN UND LASSEN SICH AUCH GUT EINFRIEREN. / EIN WEITERER TIPP: SIE KÖNNEN ZUR **VEREINFACHUNG** AUCH NUR TEIGKREISE MIT CA. 12 ZENTIMETERN DURCHMESSER AUSSTECHEN. IN DIE MITTE 1 EL FÜLLUNG GEBEN UND DANN DEN TEIG ZUSAMMENKLAPPEN. DEN RAND MIT EI BESTREICHEN UND ZUSAMMENDRÜCKEN, SODASS HALBMONDE ENTSTEHEN.

HONIGMANDELN

Passen hervorragend zu heißem Tee, Grog oder auch Eis.

* *

300 g ungeschälte Mandeln bester Qualität | 400 g Honig | 100 ml Rum

* *

❶ Die *Mandeln* mit kochendem Wasser übergießen und einige Minuten stehen lassen. Das Wasser abgießen und die Mandelkerne mit den Fingern aus der braunen Hülle drücken. Die Mandeln gut abtrocknen und in einer großen Pfanne ohne Fett bei mäßiger Hitze goldgelb rösten. ❷ Den *Honig* mit dem *Rum* verrühren und über die noch heißen Mandeln gießen. In mit kochend heißem Wasser ausgespülte Schraubgläser füllen und sofort mit dem Deckel verschließen. Die Gläser auf den Kopf stellen und abkühlen lassen.

GEFÜLLTE BLÄTTERTEIGSTERNE

ERGIBT 10 STÜCK

* *

100 g Räucherlachs | 100 g gegarte Garnelen ohne Schale | 100 g Doppelrahmfrischkäse | 1 TL Zitronensaft | 2 EL gehackter frischer Dill | Salz | Pfeffer | 2 Packungen fertig ausgerollter Blätterteig aus dem Kühlregal | 1 Ei zum Bestreichen

* *

❶ Den *Räucherlachs* in feine Streifen schneiden und die *Garnelen* grob zerkleinern. Den *Doppelrahmfrischkäse* mit dem *Zitronensaft* verrühren, *Dill*, Lachs und Garnelen zugeben. Mit *Salz* und *Pfeffer* abschmecken. ❷ Aus dem fertig ausgerollten *Blätterteig* Sterne oder andere Formen ausstechen. Auf die Hälfte der Sterne jeweils in die Mitte 1 TL der Füllung geben. Die Ränder mit *Eiweiß* bestreichen und einen zweiten Stern auflegen. Die Teigränder mit einer Gabel festdrücken. ❸ Die Sterne auf ein mit Backpapier ausgelegtes Backblech legen und mit *verquirltem Eigelb* bestreichen. 25 Minuten bei 200 °C backen und am besten warm servieren.

Oder alternativ folgende Füllung:

* *

80 g gekochter Schinken | 100 g Champignons frisch oder aus der Dose | Öl | 1 kleine fein gewürfelte Zwiebel | 2 EL Crème fraîche | ½ TL Kräuter der Provence | Salz | Pfeffer

* *

❶ Den *Schinken* mit den *Champignons* in der Moulinette klein hacken. In einer kleinen Pfanne etwas *Öl* erhitzen und die *fein gewürfelte Zwiebel* kurz darin anschwitzen. ❷ Die Schinken-Champignonmasse dazugeben und ca. 10 Minuten unter ständigem Rühren braten. Abkühlen lassen und die *Crème fraîche* unterrühren. Mit den *Kräutern der Provence* sowie *Salz* und *Pfeffer* abschmecken.

KÖSTLICHE ADVENTS-BÄCKEREI

Von überall her strömen zur Weihnachtszeit köstliche Düfte nach Keksen, Plätzchen, Lebkuchen, Stollen und anderen Leckereien. Seit jeher ist die Vorweihnachtszeit mit dem Backen dieser speziellen Gebäcke verbunden. Sie gehen auf die Gebildbrote germanischer Völker zurück, mit denen man den Göttern danken oder sie in der dunklen Winterzeit um Beistand bitten wollte. Im Mittelalter übernahmen die Klöster die Weihnachtsbäckerei. Für die Kerzenherstellung betrieben sie nämlich die Bienenzucht und nutzten daher die Möglichkeit, mit dem Honig schmackhaftes Gebäck herzustellen. Im 13. und 14 Jahrhundert entstanden dann in den Städten die ersten Zünfte der Lebzelter (Lebkuchenbäcker) und Pfefferküchler, die ihre Rezepte eifersüchtig vor der Konkurrenz aus anderen Städten hüteten. So entwickelten sich regionale Spezialitäten, die sich zum Teil bis heute gehalten haben. Aus dem Verkauf dieser Köstlichkeiten entstanden die heutigen Weihnachtsmärkte. ❋ Die Namen der weihnachtlichen Leckereien sind allerdings irreführend: Der Name Lebkuchen hat zum Beispiel nicht mit dem »Leben« zu tun, sondern leitet sich wohl von »Laib« wie in »Brotlaib« ab. Und Pfefferkuchen verweisen mit ihrem Namen auf die Vielzahl von Gewürzen, die für ihre Herstellung nötig sind: Früher nämlich wurden alle fremdländischen Gewürze als »Pfeffer« bezeichnet.

Mit jeder Kerze, die am **ADVENTSKRANZ** *angezündet wird, rückt Weihnachten ein Stück näher.*

FRÜCHTE-, HUTZEL-, BISCHOFS-BROT UND SONSTIGE BROTE, DIE EIGENTLICH KEINE SIND

Die Tradition, in der Adventszeit Früchtebrote mit den getrockneten Früchten des Herbstes zu backen, geht weit zurück. Früher wurden diese Brote tatsächlich aus dem üblichen Brotteig gebacken, allerdings mit im Herbst gesammelten Nüssen und getrockneten Früchten angereichert, wie Birnen und Zwetschgen. Heute werden auch Backpulverteige verwendet, und man kann bei der Auswahl der getrockneten Früchte auf exotische Trockenfrüchte wie Feigen, Datteln oder Aprikosen zurückgreifen. Bei vielen dieser sogenannten Brote – etwa dem Panettone (ital. *pane* = Brot) – handelt es sich allerdings eher um Kuchen. Im Folgenden einige Rezepte.

FRÜCHTEBROT

FÜR EIN BROT

Wunderbar fruchtig und würzig

3 Eier | 125 g brauner Zucker | 1 Päckchen Bourbon-Vanillezucker | ½ TL gemahlener Zimt | 1 Messerspitze Kardamon | 1 Messerspitze gemahlene Nelken | abgeriebene Schale einer Bio-Orange | 175 g Mehl | ½ Päckchen Backpulver | je 125 g grob geschnittene Feigen und Datteln | 250 g grob geschnittene Backpflaumen | 100 g fein gewürfeltes Zitronat | 100 g fein gewürfeltes Orangeat | je 100 g Rosinen und Korinthen | 75 g gehackte Mandeln | 125 g gehackte *(oder grob gemahlene)* Haselnusskerne | gemahlene Haselnusskerne zum Ausstreuen der Backform

Guss

200 g Puderzucker | Saft einer halben Zitrone

❶ Die *Eier* mit dem *Zucker* dickcremig schlagen. *Gewürze*, *Orangenschale* und *gesiebtes Mehl* mit dem *Backpulver* unter die Masse rühren. ❷ Die *geschnittenen Früchte* und die *Nüsse* mit Mehl bestäuben und vorsichtig unter den Teig mischen. ❸ In eine mit Butter ausgestrichene und mit *gemahlenen Haselnüssen* ausgestreute Kastenkuchenform (ca. 24 Zentimeter lang) oder eine runde Springform (18–20 Zentimeter Durchmesser) einfüllen und im vorgeheizten Backofen bei 180 (Umluft) bis 200 °C ca. 80 Minuten backen. Darauf achten, dass das Brot während des Backens nicht zu dunkel wird, evtl. abdecken. ❹ Das Früchtebrot aus der Form stürzen und auskühlen lassen. ❺ Für den Guss den *gesiebten Puderzucker* mit dem *Zitronensaft* glatt rühren und das Früchtebrot damit bestreichen.

TIPP

ALS **GARNITUR** DEN GUSS MIT HALBEN MANDELN UND KANDIERTEN KIRSCHEN VERZIEREN.

FRÜCHTEBROT *gehört zu den typischen Adventsbäckereien. Es kann wochenlang aufbewahrt werden.*

APFELBROT

FÜR EIN BROT

* *

750 g säuerliche Äpfel *(Cox Orange o.Ä.)* | 100 g Zucker | 2 Schnapsgläser Calvados | 500 g Mehl | 1 Päckchen Backpulver | 2 TL Zimt | 1 TL gemahlene Nelken | 2 TL Kakao | 3 Schnapsgläschen Klarer *(zum Beispiel Korn)* | 100 g Sultaninen | 200 g ganze Nüsse (Haselnüsse oder gemischt mit Walnusshälften) | 1 Ei

* *

❶ Die *Äpfel* schälen und klein schneiden. Den *Zucker* über die Äpfel streuen und mit dem *Calvados* begießen. Über Nacht stehen lassen. ❷ Die *obigen Zutaten* mit dem Knethaken der Küchenmaschine unter die Äpfel kneten. In eine gefettete Kastenform füllen und bei 175 °C (Umluft) bis 200 °C ca. 75 Minuten backen.

PANETTONE

Schon lange vor Weihnachten tauchen in den Geschäften schön dekorierte bunte Kartons mit Panettone auf. Der Wortbeginn Pane verheißt zwar Brot, doch dazu kann man den Panettone eigentlich nicht zählen. Vielmehr ist er von den Zutaten her ein stollenähnliches Hefegebäck, das aber nicht so schwer ist wie sein deutscher Verwandter. Ursprünglich stammt Panettone aus der Gegend um Mailand, hat aber mittlerweile schon ganz Italien als Weihnachts- und Ostergebäck erobert.
Das nachfolgende Rezept habe ich von einer italienischen Freundin, die behauptet, selbst gemachter Panettone sei mit nichts zu vergleichen, schon gar nicht mit den Fertigprodukten aus dem Supermarkt. Allerdings ist die Zubereitungszeit relativ lang, da der Panettone mehrmals gehen muss, um die typische Konsistenz zu erhalten.

* *

400 g Mehl | 1 Würfel Hefe | 150 ml lauwarme Milch | 80 g Zucker | 150 g Butter | 4 Eigelb | 1 Prise Salz | ausgekratztes Mark einer Vanilleschote | 60 g Zitronat, fein gehackt | 60 g Orangeat, fein gehackt | 60 g kandierte Kirschen, fein gehackt | 100 g Rosinen | 100 g gehackte Mandeln | abgeriebene Schale einer Zitrone | abgeriebene Schale einer Orange | 2 EL Weinbrand oder Rum

* *

❶ Das *Mehl* in eine Schüssel sieben, eine Mulde hineindrücken und darin die zerbröckelte *Hefe* mit der *lauwarmen Milch*, *1 EL Zucker* und *etwas Mehl* verrühren. Zugedeckt an einem warmen Ort gehen lassen. ❷ Mit dem Knethaken die *zerlassene Butter*, das *Eigelb*, *Salz*, *Vanillemark*, den *restlichen Zucker* und das Mehl samt Hefe-Milch-Mischung zusammenkneten. ❸ Den Teig auf ein bemehltes Backbrett geben und kräftig kneten, bis er schön geschmeidig ist. Den Teig zurück in eine Schüssel geben und an einem warmen Ort gehen lassen, bis er sein Volumen verdoppelt hat (ca. 1,5–2 Stunden). ❹ Zwischenzeitlich die *Früchte*, *Rosinen*, *Mandeln* und die *abgeriebenen Fruchtschalen* mit dem *Weinbrand* oder *Rum* mischen und beiseite stellen. ❺ Den aufgegangenen Teig auf das Backbrett geben und den Teig wiederum kräftig durchkneten. Die marinierten Früchte in Mehl wenden und unter die Teigmasse kneten. Dies sollte in mehreren Abschnitten geschehen, das heißt: mehrmals geringe Mengen auf den Teig streuen und unterkneten. ❻ Den Teig zurück in die Schüssel legen und wiederum an einem warmen Platz gehen lassen, bis sich das Volumen abermals verdoppelt hat. ❼ In Italien benutzt man eine Panettone-Form. Ein hoher Kochtopf (Durchmesser ca. 16 Zentimeter), der dick mit Butter ausgestrichen ist, kann ebenfalls verwendet werden. Achtung: Wenn der Teig schon beim Einlegen bis zum Kochtopfrand reicht, bitte den nächstgrößeren Topf nehmen, da die typische Panettone-Form, der »Hut«, erreicht werden soll. ❽ Den Teig ein letztes Mal gehen lassen. Er muss sich aber immer noch 5 Zentimeter unter dem Topfrand befinden, bevor er in den Backofen kommt. Ca. 60 Minuten im vorgeheizten Backofen bei 190 °C backen. ❾ Den noch heißen »Hut« mehrmals mit zerlassener Butter bestreichen. Aus der Form stürzen und abkühlen lassen. Gut verpackt 1–2 Tage vor dem Anschneiden durchziehen lassen.

GOLDENE ENGEL
schmücken den Kaminsims.

NIKOLAUS UND HEXENHAUS

Was dem Westfalen sein Stutenkerl ist, ist dem Schweizer sein Grittibänz. Beide gehören zu den Gaben des Nikolaus, und die Kinder finden sie am 6. Dezember in ihren Schuhen oder auf der Fensterbank.

GRITTIBÄNZ

ERGIBT JE NACH GRÖSSE 5–8 STÜCK

1 kg Mehl | 40 g Hefe | 100 g Zucker | ½ l lauwarme Milch | 150 g Butter oder Margarine | 2 Eier | ½ TL Salz | 1 Eiweiß zum Kleben | Rosinen | Mandeln | 1 Eigelb zum Bestreichen | Tonpfeifen *(falls erhältlich)*

❶ Das *Mehl* in eine Schüssel sieben. In die Mitte eine Mulde drücken, die *Hefe* hineingeben und mit *2 EL Zucker*, der *Hälfte der Milch* und etwas Mehl vom Rand verrühren. Zugedeckt an einem warmen Ort ca. 20 Minuten gehen lassen. ❷ Dann die *restliche lauwarme Milch* mit der darin zerlassenen *Butter*, dem *restlichen Zucker*, den *Eiern* und dem *Salz* mit dem Vorteig verrühren und kräftig kneten. Zugedeckt an einem warmen Ort wieder ca. 20 Minuten gehen lassen. ❸ Zwischenzeitlich aus Karton eine Schablone zum Ausschneiden der Nikoläuse herstellen. Sie sollten eine möglichst einfache Grundform – ähnlich den Ampelmännchen – haben und ca. 25 Zentimeter hoch und 18 Zentimeter breit sein. Die Beine werden nur durch einen Schnitt voneinander getrennt. ❹ Nach dem Gehen den Teig wegen der besseren Handhabung halbieren. Den Teig nochmals durchkneten und auf bemehlter Arbeitsfläche ca. 1 Zentimeter dick ausrollen. Mit Hilfe der Schablone die Männchen ausschneiden und auf mit Backpapier ausgelegte Bleche legen. Zwischen den Männchen Abstand halten, da der Teig noch aufgeht. ❺ Aus dem übrig gebliebenen Teig Mützchen, Stiefel, Kordeln oder Sterne ausschneiden und mit dem *Eiweiß* auf die Männchen kleben. Augen, Mund, Nase und Knöpfe aus *Rosinen* und *Mandeln* in die Figuren drücken. ❻ Die fertigen Figuren an einem warmen Ort nochmals 30 Minuten gehen lassen. Mit *verquirltem Eigelb* bestreichen und im vorgeheizten Backofen bei 200 °C ca. 25 Minuten backen. Nach dem Backen gleich vom Blech nehmen und auf einem Kuchengitter auskühlen lassen.

Die **GRITTIBÄNZ** *aus Hefeteig stehen in der Tradition der Gebildbrote.*

TIPP

FALLS SIE KEINE TONPFEIFEN ERHALTEN, KÖNNEN SIE DIESE AUS TEIG SELBST HERSTELLEN.

Für viele Kinder ist ein Lebkuchenhaus der Höhepunkt der Adventsbäckerei. Ob sie nun selbst beim Backen und Verzieren mithelfen, was natürlich den meisten Spaß macht, oder es am Weihnachtsmorgen fertig vorfinden: Es ist einfach zum Staunen, was es da alles zu sehen gibt: den Schnee auf dem Dach, der Schornstein, aus dem Watterauch quillt, oder Hänsel und Gretel vor der Tür. Die kindliche Fantasie ist geweckt. Eigentlich ist ein Lebkuchenhaus ja viel zu schade zum Aufessen, und so beginnt man meist damit, die Dekoration zu naschen, bevor das Haus selbst gegessen wird. Wappnen Sie sich mit viel Geduld, denn ein Hexenhaus macht Arbeit – aber auch großen Spaß.

HEXENHAUS

Teig

250 g brauner Zucker | 500 g Honig | 150 g Butter oder Margarine | 1 Prise Salz | 1 kg Mehl | 200 g geriebene Mandeln | 1 Päckchen Lebkuchengewürz | 3 TL Zimt | 2 Eier | 20 g Hirschhornsalz | 3 TL Wasser

❶ Den *Zucker*, den *Honig*, die *Butter* und das *Salz* in einem Topf unter ständigem Rühren erhitzen. Abkühlen lassen. ❷ Das *Mehl* auf ein Backbrett sieben und mit den *Mandeln* und den *Gewürzen* vermischen. In die Mitte eine Mulde drücken und die abgekühlte Honigmasse und die *Eier* hineingeben. Das *Hirschhornsalz* im *Wasser* auflösen und dazugeben. Das Mehl vom Außenrand hineinarbeiten und alles zu einem Teig verkneten. Den Teig kräftig durcharbeiten und 30 Minuten ruhen lassen. ❸ In der Zwischenzeit die Papierschablonen für das Haus ausschneiden. Sie benötigen folgende Schablonen: 2 Giebelwände mit 19 Zentimetern Breite, seitlich je 5 und in der Mitte 24 Zentimetern Höhe; in einer der Giebelwände müssen 1 Fenster und 1 Tür ausgeschnitten werden; 2 Seitenteile mit 19 Zentimetern Breite und 5 Zentimetern Höhe; 2 Dachteile von je 25 × 25 Zentimetern sowie, falls der Teig reicht, 1 Grundfläche von 19 × 19 Zentimetern. ❹ Die Arbeitsfläche mit Mehl bestäuben und den Teig darauf einen halben Zentimeter dick ausrollen. Mit Hilfe der Schablonen die einzelnen Hausteile zuschneiden und auf ein mit Backpapier ausgelegtes Blech legen. Im vorgeheizten Ofen bei 180 °C fünfzehn Minuten pro Blech backen. ❺ Aus den Teigresten Figuren für Hänsel und Gretel, den Kamin, einen Gartenzaun, Fensterläden oder stilisierte Tannenbäume ausschneiden und backen. Auskühlen lassen. Dabei müssen die Teile unbedingt ganz plan liegen, da sonst das Häuschen schief wird.

Guss und Verzierung

500 g Puderzucker | 2 Eiweiß | 2 EL Zitronensaft | ganze Mandeln | bunte Bonbons | Lakritzbonbons | Schokolinsen | Geleefrüchte | bunte Smarties | Zuckerkügelchen

❶ Aus dem *Puderzucker*, dem *Eiweiß* und dem *Zitronensaft* portionsweise einen dicken Guss herstellen. Falls der Zuckerguss zu dünn wird, etwas Puderzucker dazugeben. ❷ Nun ist eine zweite Person zum Halten der Seitenwände sehr vorteilhaft: Die Grundplatte an den Außenseiten mit dem Zuckerguss bestreichen und die Seiten- und Giebelteile aufsetzen. Die Nähte, die dabei aufeinander treffen, ebenfalls mit Zuckerguss bestreichen. Wenn das Haus-Grundgerüst getrocknet ist, die Dachteile mit Zuckerguss ankleben. ❸ Das Dach dick mit Zuckerguss bestreichen, wobei der Zuckerguss Tropfnasen zu den Giebelseiten bilden sollte. Den Kamin aufsetzen und Watte als Rauch hineinstopfen. Die Giebelseiten oder auch das Dach, den Gartenzaun und die Fensterläden nach Belieben mit *Mandeln*, *Bonbons* und *Zuckerperlen* etc. dekorieren. Hänsel und Gretel vor den Zaun stellen und alles trocknen lassen.

Das war's – also gar kein Hexenwerk.

STOLLEN

Der Stollen kann auf eine lange Geschichte zurückblicken. Bei den Germanen dienten stollenähnliche Gebäcke als Fruchtbarkeitszeichen, später jedoch wurde der Stollen christlich umgedeutet und galt nun als Symbol für den gewickelten Jesus. Da es früher üblich war, Säuglinge von den Schultern bis zu den Füßen fest zu einer Art »Paket« zu verschüren, erinnert der Stollen tatsächlich an ein gewickeltes Kind. In jedem Fall ist er heute wie früher untrennbar mit der Weihnachtszeit verbunden. Stollenrezepte gibt es daher wie Sand am Meer: mit und ohne Marzipan, mit Früchten, Nougat, Mohn und in vielen anderen Varianten. Das nachfolgende Rezept stammt aus dem Kochbuch meiner Mutter, das noch in schönstem Sütterlin geschrieben ist und aus den 1930er Jahren stammt, als meine Mutter das Kochen wie damals üblich in einem »feinen« Haushalt erlernte.

CHRISTSTOLLEN

FÜR ZWEI STOLLEN

250 g Sultaninen | 100 g Korinthen | 2 Schnapsgläser Rum | 90 g Hefe | 150 g Zucker | 1 kg Mehl | 300 ml Milch | ½ TL Salz | 1 Ei | abgeriebene Schale einer Zitrone | 500 g Butter | 130 g gehackte Mandeln | 150 g gehackte Haselnüsse | 1 Messerspitze Zimt | 1 Messerspitze Kardamom | 100 g Zitronat | Butter zum Bestreichen | Puderzucker

❶ Die *Sultaninen* und *Korinthen* in *Rum* einweichen. Die *zerbröckelte Hefe* mit etwas *Zucker* und *Mehl* in *75 ml lauwarmer Milch* auflösen und zugedeckt an einem warmen Ort ca. 10–15 Minuten gehen lassen. ❷ Den *restlichen Zucker*, das *Mehl*, das *Salz*, das *Ei*, die *restliche Milch*, die *Zitronenschale* und die *zerlassene Butter* mit der aufgegangenen Hefemilch vermischen und zu einem festen Teig verkneten. 30 Minuten an einem warmen Ort gehen lassen. ❸ Den Teig ausrollen, die abgetropften Sultaninen und Korinthen, die *Mandeln*, *Haselnüsse*, *Gewürze* und das *Zitronat* darauf streuen und kurz durchkneten. Darauf achten, dass alle Zutaten gleichmäßig verteilt sind, die Sultaninen aber nicht zerdrückt werden. ❹ Aus dem Teig zwei Laibe formen und zugedeckt an einem warmen Ort weitere 30 Minuten gehen lassen. ❺ Um jedem Laib die typische Stollenform zu geben, mit dem Nudelholz in der Mitte des Laibes längs eine tiefe Mulde eindrücken und den Laib nach einer Seite hin flach ausrollen. Dieses Teigstück nach oben schlagen und am Laib festdrücken. ❻ Beide Stollen auf ein gefettetes Backblech legen und gut zugedeckt nochmals ca. 2 Stunden gehen lassen. Im vorgeheizten Backofen bei 180 °C (Umluft 160 °C) 75 Minuten backen. ❼ Die noch warmen Stollen mit *zerlassener Butter* bestreichen und dick mit *Puderzucker* einstäuben. Nach dem Erkalten sollte er in Alufolie verpackt und frühestens nach zwei Wochen angeschnitten werden. Kühl gelagert hält sich der Stollen 2–3 Monate.

SCHOKOLADEN-PLÄTZCHEN

FÜR 25–35 PLÄTZCHEN

Teig

80 g Zartbitterkuvertüre | 3 Eier | 1 Prise Salz | 80 g feinster Zucker | 80 g weiche Butter | 1 Packung Orangenzucker | 20 g Speisestärke zum Beispiel Mondamin | ½ TL Backpulver | 50 g Mehl | 3 EL Grand Marnier oder Cointreau

Verzierung

125 g Zartbitter-Kuvertüre | 200 g Puderzucker | 1–2 EL Zitronensaft | gemahlene Haselnüsse oder Mandeln | Walnusshälften | Pinienkerne | halbe geschälte Mandeln oder Ähnliches

❶ Für den Teig die *Kuvertüre* in einem kleinen Topf im heißen Wasserbad schmelzen lassen. Die *Eier* trennen und das *Eiweiß* mit dem *Salz* steif schlagen, dabei nach und nach *2 EL Zucker* einrieseln lassen. ❷ Die *Butter* mit dem *restlichen Zucker* und dem *Orangenzucker* schaumig rühren. Nach und nach die *Eigelbe* einrühren. Zunächst die geschmolzene Kuvertüre, dann das mit der *Speisestärke* und dem *Backpulver* vermischte *Mehl* dazugeben. Zum Schluss den Eischnee unter den Teig heben. ❸ Ein Backblech mit Backpapier auslegen, aus Alufolie einen Streifen falten und damit das Backblech halbieren, da für die Masse nur ein halbes Backblech benötigt wird. Die Teigmasse einfüllen und im vorgeheizten Backofen bei 180 °C ca. 15 Minuten backen. Aus dem Ofen nehmen und mit dem *Orangenlikör* beträufeln. Abkühlen lassen. ❹ Die Teigplatte erst in ca. 3 Zentimeter breite Streifen schneiden, anschließend die Streifen in Rechtecke oder Quadrate schneiden oder – je nach Geschmack – kleine Kreise oder Dreiecke ausstechen. ❺ Für die Dekoration die Kuvertüre schmelzen. Außerdem einen Puderzuckerguss aus dem *Puderzucker* und dem *Zitronensaft* herstellen. Der Guss soll dick sein, aber noch tropfen. Die einzelnen Plätzchen zur Hand nehmen und alle vier Seiten entweder in Kuvertüre oder Zuckerguss tauchen und sofort in den *gemahlenen Haselnüssen* wälzen. Anschließend die Oberfläche bestreichen und nach Wunsch mit *Pinienkernen*, *ganzen Walnüssen*, *halbierten Mandeln* etc. dekorieren.

MANDELMAKRONEN

ERGIBT CA. 80 STÜCK

3 Eiweiß | 1 TL Zitronensaft | 180 g feinster Zucker oder Puderzucker | 200 g gemahlene, geschälte Mandeln | ca. 80 Backoblaten | 80 halbe geschälte Mandeln zur Garnitur

❶ Die *Eiweiße* mit dem *Zitronensaft* sehr steif schlagen, nach und nach den *Zucker* einrieseln lassen und weiterschlagen, bis die Masse glänzend wird. Dann die *gemahlenen Mandeln* unterheben. ❷ Die *Oblaten* auf ein mit Backpapier ausgelegtes Blech legen und mit dem Spritzbeutel mit großer Lochtülle Häufchen auf die Oblaten setzen und jeweils eine *Mandelhälfte* auflegen. Im vorgeheizten Backofen bei 140 °C ca. 25 Minuten backen.

TIPP

STATT DER MANDELHÄLFTE KÖNNEN SIE AUCH **EINE HALBIERTE BELEGKIRSCHE** ZUR DEKORATION VERWENDEN.

Saftig und schokoladig schmecken die dekorativen **SCHOKOLADEN-PLÄTZCHEN.**

EISKONFEKT ZUM DAHINSCHMELZEN

Nur 8 Tage haltbar, aber bis dahin ist alles längst aufgenascht! Früher nannte man dieses Konfekt Schneeplätzchen. Man wartete sehnsuchtsvoll auf den Schnee oder zumindest auf Frost, denn erst dann konnten diese »Plätzchen« gemacht werden. Dazu gab es kleine Metallformen mit allerlei Mustern, die dann tatsächlich, mit der Masse angefüllt, zum Erstarren in den Schnee gestellt wurden. Hier ein Rezept aus der Zeit, als noch nicht jeder Haushalt einen Kühlschrank besaß.

FÜR CA. 45 STÜCK

250 g Kokosfett zum Beispiel Palmin | 250 g Puderzucker | 1 Päckchen Vanillezucker | 100 g Kakao | 7–8 EL Mehl

Das *Kokosfett* schmelzen. *Puderzucker*, *Vanillezucker*, *Kakao* und *Mehl* einrühren und die Masse in mit kaltem Wasser ausgespülte Förmchen einfüllen. Im Kalten erstarren lassen.

Noch ein neueres Rezept für Eiskonfekt:

je 100 g Vollmilch- und Zartbitterkuvertüre | 100 g Kokosfett | 125 ml Sahne | 2 EL Nussnougatcreme

❶ Die *Kuvertüre* und das *Kokosfett* schmelzen lassen. ❷ Die *Sahne* und die *Nussnougatcreme* hinzufügen. Die Masse abkühlen lassen und in Förmchen füllen.

TIPP

ALS FÖRMCHEN KANN MAN AUCH DIE IN SCHOKO-ADVENTSKALENDERN BEFINDLICHEN PLASTIKSCHABLONEN FÜR DIE EINZELNEN TÜRCHEN VERWENDEN. DIESE HABEN MEIST EIN PRÄGEMUSTER, DAS SICH GUT FÜR DAS EISKONFEKT EIGNET. ODER SIE NEHMEN EINFACH DIE GERIPPTEN METALLHÜTCHEN, DIE IM HANDEL ZU KAUFEN SIND, UND FÜLLEN DIE MASSE HINEIN.

Die Metallförmchen verleihen dem selbst gemachten **EISKONFEKT** *einen Hauch Nostalgie.*

WHISKYTRÜFFEL

FÜR CA. 20 STÜCK

300 ml Sahne | 300 g Kuvertüre *(54 Prozent Kakaoanteil)* | 300 g dünnflüssige Glasurkuvertüre | 20 g Butter | 10 cl Whisky | 300 g bitterer Kakao

❶ Die *Sahne* mäßig erhitzen und die *Kuvertüre* darin schmelzen. Auf ca. 37 °C (Körpertemperatur) abkühlen lassen. ❷ Die *Butter* und den *Whisky* einrühren. ❸ Die Masse in einen Spritzbeutel füllen und kleine Kügelchen auf ein Backblech spritzen. Auskühlen lassen und in *Kakao* wenden.

SAHNE-TRÜFFEL

FÜR CA. 25 STÜCK

Eignen sich auch sehr gut – in Zellophanfolie verpackt – als Geschenk oder Mitbringsel mit persönlicher Note.

100 g Vollmilch-Kuvertüre | 100 g Halbbitter-Kuvertüre | 100 ml Sahne | 50 g Butter | 50 g Kokosfett | einige Tropfen Vanillearoma | 1 TL Lebkuchengewürz oder Zimt

Garnitur

100 g Vollmilch- oder Halbbitter-Kuvertüre

❶ Die *Kuvertüre* klein hacken und im Wasserbad schmelzen. ❷ Die *Sahne* in einem Topf aufkochen und vom Herd nehmen. *Butter*, *Kokosfett*, *Vanillearoma* und *Lebkuchengewürz* oder *Zimt* unterrühren. Die geschmolzene Kuvertüre in die Sahnemischung geben und alles gut verrühren. ❸ Die Masse auf ein kleines, mit Folie ausgekleidetes Backblech streichen – ein großes Backblech mit einem Alustreifen in der Mitte begrenzen. Über Nacht kalt stellen. ❹ Die erkaltete Masse in ca. 1,5 × 1,5 Zentimeter große Würfel schneiden. Aus den einzelnen Würfeln mit kalten Händen Kugeln rollen und kühl stellen. ❺ Die Kuvertüre für die Garnitur klein hacken und im Wasserbad schmelzen. Wieder bis auf Handwärme abkühlen lassen. ❻ Jede Kugel mit einer Pralinengabel – es geht auch eine Fleischgabel – in die Kuvertüre tauchen. Auf einem Kuchengitter hin und her rollen, damit die Trüffel das typische Trüffelmuster erhalten. Erstarren lassen und im Kühlschrank aufbewahren.

TIPP

ALS VARIATION KÖNNEN DER TRÜFFELMASSE AUCH NOCH FEIN GEHACKTE KANDIERTE FRÜCHTE BEIGEMISCHT WERDEN. / EIN WEITERER TIPP: **DIE TRÜFFEL** KÖNNEN SIE STATT IN KUVERTÜRE AUCH IN SCHOKORÖLLCHEN ODER PUDERZUCKER WÄLZEN.

Selbst gemachte **TRÜFFELPRALINEN** *lassen sich wunderbar verschenken.*

FEINES FÜR WILD-LIEBHABER

Winterzeit ist Wildzeit. Überhaupt war früher vorwiegend der Winter die Zeit, in der Fleisch verzehrt wurde. Das hatte ganz praktische Gründe: Während auf den Feldern nichts mehr wuchs, hatten die gemästeten Gänse und Schweine den Sommer über prächtig Fett angesetzt und mussten, wenn man sie nun schlachtete, nicht mehr den Winter über durchgebracht werden. Dazu kam, dass man im Winter Fleisch länger aufbewahren konnte, ohne dass es verdarb. ❋ Im Winter ist Jagdsaison, und so kann man das Fleisch ganz frisch erwerben und delikate Gerichte mit dem ganz eigenen Wildgeschmack zubereiten. Da die meisten Wildrezepte auch etwas Deftiges an sich haben und oft mit eher winterlichen Gewürzen wie Wacholder und Lorbeer verfeinert werden, passen diese Gerichte hervorragend in die kalte Jahreszeit. ❋ Im Folgenden habe ich einige Wildrezepte zusammengestellt. Sie verbinden das traditionelle Element, das Wild eigentlich immer anhaftet, mit einem Hauch Moderne – seien es die Wachteln auf einem Sockel aus feinen Weintrauben oder das Wildschwein in einer fruchtigen Kirschsauce.

Das Bild zeigt **TYPISCHE BESTANDTEILE WINTERLICHER KÜCHE:** *Äpfel, Fleisch, Kohl, Fisch und Wild, hier Fasane (Floris van Schooten, Kücheninterieur, 17. Jahrhundert).*

HIRSCHFILET À LA WELLINGTON

FÜR 8–10 PERSONEN

Lässt sich gut vorbereiten und muss, wenn Ihre Gäste kommen, nur noch in den Backofen

Hirschfilet

2 Hirschrückenfilets à ca. 800 g | Salz | Pfeffer | 2 EL Butterschmalz | 2 Rollen fertig ausgerollter rechteckiger Blätterteig aus dem Kühlregal | 12 Scheiben gekochter, dünn geschnittener Schinken | 300 g Champignons | 1 Zwiebel | 250 g Leberwurst | 1 Eigelb

❶ Die *Hirschfilets* von allen Sehnen befreien und mit *Salz* und *Pfeffer* einreiben. Die Sehnen für die Sauce zur Seite stellen. Das Fleisch in heißem *Butterschmalz* von allen Seiten kräftig anbraten (ca. 8 Minuten). Abkühlen lassen. ❷ Den *fertigen Blätterteig* aufrollen. An einer Seite etwas Teig zur Verzierung wegschneiden. Auf jede Blätterteigplatte je sechs Scheiben *gekochten Schinken* leicht übereinander liegend auslegen. Ringsum muss ein unausgelegter Blätterteigrand vorhanden sein. ❸ Die *Champignons* trocken abreiben und fein hacken. Die *Zwiebel* klein schneiden und in Butterschmalz andünsten. Die Champignons zugeben und so lange schmoren, bis alle Flüssigkeit verdampft ist. Etwas abkühlen lassen. ❹ Die *Leberwurst* unter die Champignonmasse rühren. Diese Füllung auf die gekochten Schinkenscheiben streichen und ein vorgebratenes Hirschfilet mittig darauf setzen. Die Blätterteigränder mit verquirltem *Eigelb* bestreichen und das Filet fest mit dem Blätterteig einhüllen. ❺ Die Ränder gut zusammendrücken und mit der Teignaht nach unten auf ein mit Backpapier ausgelegtes Backblech setzen. Die beiden Filets sollten auf dem Backblech etwas Abstand voneinander haben, da der Blätterteig noch aufgeht. Aus dem zurückbehaltenen Teig Blätter und Ranken ausstechen und mit Eigelb auf den eingerollten Filets festdrücken. Bis zum Backen kühl stellen.

Sauce

1 EL Butterschmalz | 4 Zwiebeln | 1 EL Mehl | ½ l Rotwein | 1 TL Wildgewürz | 1 Glas Wildfond | Salz | Pfeffer | Zucker

❶ Die abgeschnittenen Sehnen in einem Topf in *Butterschmalz* kräftig anbraten. Die klein geschnittenen *Zwiebeln* zugeben und 10 Minuten weiterbraten. Das *Mehl* darüber streuen und mit dem *Rotwein* aufgießen. Das *Wildgewürz* zugeben und alles 30 Minuten kochen lassen. ❷ Den *Wildfond* zugießen und bei offenem Deckel weitere 30 Minuten köcheln lassen. Die Sauce durch ein Sieb streichen und nochmals einkochen lassen. Mit *Salz*, *Pfeffer* und evtl. etwas *Zucker* abschmecken.

Den Backofen auf 220 °C vorheizen und die Filets in 35–40 Minuten goldbraun backen.

TIPP

ZUM **HIRSCHFILET** PASSEN ROTWEINBIRNEN UND PREISELBEEREN.

FASAN WINZERIN-ART

FÜR 4–6 PERSONEN

Fasan

2 Fasane mit je 800–1000 g *(küchenfertig oder TK)* | Salz | Pfeffer | 60 g geschmolzene Butter | 10 Scheiben geräucherter, durchwachsener Speck | 1 Zwiebel | 1 Bund Suppengrün | ¼ l Traubensaft oder Weißwein | 3 EL Crème fraîche | evtl. etwas Speisestärke

❶ Tiefgekühlte *Fasane* auftauen lassen, mit Wasser abspülen und trocken tupfen. Innen und außen fest mit *Salz* und *Pfeffer* einreiben. Die Flügel und Keulen mit einem Faden fest zusammenbinden. ❷ Fasane in einen Bräter legen, mit der *geschmolzenen Butter* begießen und dann mit den *Speckscheiben* belegen. Besonders die Brust und die Keulen bedecken, damit diese nicht austrocknen. ❸ *Zwiebel* und *Suppengrün* mit hinein geben und im geschlossenen Bräter im vorgeheizten Backofen bei 200 °C ca. 60 Minuten braten, dazwischen nach und nach den *Traubensaft* oder *Wein* zugießen. ❹ Die Speckscheiben entfernen und wieder Traubensaft oder Wein zugießen. Noch 10 Minuten im offenen Bräter im Ofen garen. Dann die Fasane aus dem Ofen nehmen und warm stellen. ❺ Bräter auf den Herd stellen, Bratfond mit dem Pinsel vom Bräterrand lösen und mit etwas Wasser aufgießen. Die *Crème fraîche* einrühren und durch ein Sieb in einen kleinen Topf umfüllen. Sauce salzen und pfeffern, auf Wunsch mit 1 EL *Speisestärke* binden.

Sauerkraut

1 kg Sauerkraut | 2 EL Butter | 1 klein geschnittene Schalotte | ½ l Rieslingwein oder -sekt | Salz | Pfeffer | 250 g weiße kernlose Weintrauben | 250 g blaue kernlose Weintrauben

❶ Während des Bratvorgangs das *Sauerkraut* waschen. In einem Topf *Butter* zerlassen und die *Schalottenwürfel* darin glasig anbraten. ❷ Das Sauerkraut dazugeben, *Wein* oder *Sekt* zugießen und ca. 20 Minuten zugedeckt schmoren lassen. ❸ Sauerkraut salzen und pfeffern. *Weintrauben* halbieren, evtl. Kerne entfernen und vorsichtig unter das Sauerkraut heben. ❹ Fasane auf dem Sauerkraut anrichten und servieren.

REHKEULE MIT CRANBERRYSAUCE

FÜR 8 PERSONEN

* *

1 Bund Suppengrün | 1 Zwiebel | ¾ l Rotwein | 2 Knoblauchzehen | 1 TL Wacholderbeeren | 1 TL Pfefferkörner | 1 Rehkeule mit ca. 2 kg *(den Knochen des Unterlaufs vom Händler auslösen lassen, damit die Keule besser in den Bräter passt, Knochen mitnehmen)* | Salz | Pfeffer | 150 g in Scheiben geschnittener geräucherter, durchwachsener Bauchspeck | 2 EL Tomatenmark | 1 EL kalte Butter | ½ EL Mehl | 3 EL getrocknete Cranberries *(Softcranberries)* | auf Wunsch 1 Dose Pfifferlinge

* *

❶ *Suppengrün* klein schneiden, *Zwiebel* in Stücke schneiden, *Knoblauch* abziehen. Zusammen mit dem *Rotwein*, den *Wacholderbeeren* und den *Pfefferkörnern* in eine sehr große Schüssel oder einen Topf geben und die *Rehkeule* darin einlegen. Zugedeckt 1 Tag kalt stellen, dabei einmal umwenden. ❷ Die Rehkeule aus der Marinade nehmen, abtrocknen, salzen, pfeffern und mit den *Speckscheiben* belegen. In einen großen Bräter setzen, das Suppengrün aus der Marinade sowie den Knochen des Unterlaufs dazugeben. Im vorgeheizten Backofen bei 170 °C ca. 45 Minuten schmoren lassen, dann Zug um Zug die Rotweinmarinade sowie ca. 1 l Wasser zugießen und alles weitere 2 Stunden schmoren lassen. ❸ Nach dem Ende der Garzeit die Rehkeule herausnehmen, in Alufolie einwickeln und noch im Backofen ruhen lassen. Den Bratenfond durch ein Haarsieb in einen Topf abgießen, das *Tomatenmark* einrühren und weiter einkochen lassen, bis etwa ½ l Fond übrig ist. Die *Butter* mit dem *Mehl* verkneten und in die kochende Sauce rühren. Die *Cranberries* und evtl. die *Pfifferlinge* zugeben und zusammen mit dem Fleisch servieren.

Dazu schmecken Brezenknödel sehr gut.

Cranberries sind mit der Heidelbeere verwandt. Ihr herb-säuerlicher Geschmack passt hervorragend zu Wild, hier zum Beispiel einem **REHBRATEN MIT BREZENKNÖDELN.**

BREZENKNÖDEL

REICHT FÜR EINE BREZENKNÖDELROLLE

Diese haben sich in meinem Haushalt zu einem Allround-Künstler entwickelt. Sie können wunderbar vorbereitet und eingefroren werden und schmecken zu allen Braten.

* *

5 Laugenbrezeln oder Laugenstangen | 200 ml Milch | 2 Eier | 1 kleine Zwiebel | etwas Butter | 3 EL klein gehackte Petersilie | 3 EL Mehl | 2 Gefrierbeutel mit ca. 3 l Inhalt, möglichst bis 110 °C hitzebeständig

* *

❶ Die *Laugenbrezeln oder -stangen* in kleine Würfel schneiden. Die *Milch* mit den *2 Eiern* verquirlen und über die Würfel gießen. ¼ Stunde ziehen lassen. Die *Zwiebel* klein hacken und in etwas *Butter* anschwitzen. Zu den Würfeln geben, ebenso die klein gehackte *Petersilie*. Das *Mehl* darüber streuen und alles miteinander vermengen. ❷ Die Masse in einen Gefrierbeutel füllen und zwar nur so viel, dass das untere Viertel des Beutels gefüllt ist. Jetzt die Masse im Beutel so drücken oder rollen, dass eine Rolle mit ca. 10 Zentimetern Durchmesser entsteht. Den Rest des Gefrierbeutels darum herumwickeln und alles in einen zweiten Gefrierbeutel stecken. Diesen verschließen und die Rolle in einen Topf mit kochenden Wasser legen. ❸ Ca. 25 Minuten bei geschlossenem Topfdeckel leicht köcheln lassen. Da die Knödelrolle oben schwimmt, diese einmal umdrehen. Aus dem Beutel nehmen und in Scheiben schneiden. Zum Einfrieren lasse ich die Rolle gleich in dem Gefrierbeutel und lege sie nach dem Auftauen wieder mit dem Beutel in heißes Wasser oder röste die Scheiben leicht in Butterschmalz an.

WILDSCHWEINBRATEN MIT KIRSCHSAUCE

FÜR 4–6 PERSONEN

Wild mit eingemachten Früchten hat eine lange Tradition. Hier sei nur an schmackhafte Saucen mit Preiselbeeren, Cranberrys oder Hagebutten erinnert. Sauerkirschen bieten eine sehr delikate neue Variante.

* *

2 kg Schlegel oder Rücken vom Wildschwein | 2 TL getrockneter Thymian | 1 Stängel Salbei | 2 TL schwarze Pfefferkörner | 2 TL Salz | ½ l Rotwein | ½ l Wasser | 2 kleine Karotten | ½ Sellerieknolle | ½ Bund Petersilie | 4 Zwiebeln | 60 g durchwachsener Speck | 125 g Butter | 3 Eier | 6 EL Semmelbrösel | 1 Messerspitze gemahlener Zimt | 1 TL Zucker | 1 Tasse Sauerkirschen aus dem Glas | 1 Tasse Sauerkirschsaft | Saft und geriebene Schale einer Bio-Zitrone

* *

❶ *Fleisch* kalt abspülen und die weißen Häute abziehen. ❷ *Thymian*, *Salbei*, *Pfefferkörner* und *Salz* zerstoßen. Das Fleisch mit dieser Gewürzmischung einreiben und ca. 2 Stunden stehen lassen. ❸ Den *Wein* mit *½ l Wasser*, den in Scheiben geschnittenen *Karotten*, der geschälten, in Scheiben geschnittenen *½ Sellerieknolle*, der *Petersilie* und 2 in Scheiben geschnittenen *Zwiebeln* aufkochen und warm über das Fleisch gießen. ❹ Weitere 2 Stunden ziehen lassen; das Fleisch dabei mehrmals wenden. ❺ In einem Bräter den in Würfel geschnittenen *Speck* auslassen, das Fleisch und die 2 restlichen, in Scheiben geschnittenen Zwiebeln zugeben. Das Fleisch von allen Seiten kurz anbraten. ❻ Die Marinade zugeben und zugedeckt im vorgeheizten Backofen bei 180 °C ca. 1,5 Stunden schmoren. ❼ In der Zwischenzeit in einer Kasserolle die *Butter* bei kleiner Temperatur schmelzen lassen. *Eier*, *Semmelbrösel*, *Zimt* und *Zucker* unterrühren. Wenn die Bratzeit um ist, das Fleisch auf der Oberseite dick mit dieser Masse bestreichen und bei starker Oberhitze oder im Grill überkrusten lassen. Warm stellen. ❽ Die Bratensauce durch ein Sieb gießen und nach Geschmack würzen. *Kirschen* und *Kirschsaft* sowie *Saft und Schale der Zitrone* zugeben. Alles mehrere Minuten lang stark aufkochen lassen, damit noch etwas Flüssigkeit verdampft.

Beilage: Röstkartoffeln, Maronen, Rotkohl oder Schwarzwurzeln

OFENSUPPE HUBERTUS

FÜR 6 PERSONEN

Hubertus ist der Schutzpatron der Jagd. Pfalzgraf Hubertus von Lüttich (um 655–727) wurde auf der Jagd zum Christentum bekehrt, als er einen prächtigen Hirsch mit einem Kreuz zwischen den Geweihstangen sah.

* *

25 g getrocknete Steinpilze | 125 ml heißes Wasser | 50 g geräuchertes Bauchfleisch | 2 EL Butterschmalz | 1 kg Hirsch- oder Rehgulasch, am besten aus der Keule | 2 fein gehackte Zwiebeln | 3 EL Tomatenmark | 3 EL Mehl | 1 Glas Wildfond (500 ml) oder Fleischbrühe | 400 ml Rotwein (Burgunder) | 1 TL weiße Pfefferkörner | 1 TL Wacholderbeeren | Salz | Pfeffer | 300 g Möhren in Würfeln | 200 g Lauch in Ringen | 3 EL Johannisbeergelee oder Preiselbeerkompott | ½ Becher saure Sahne

* *

❶ Die *Steinpilze* im heißen *Wasser* einweichen. Das *Bauchfleisch* fein würfeln und mit *Butterschmalz* in einem Schmortopf oder Bräter auslassen. Das *Wildgulasch* darin unter Umrühren kräftig anbraten. ❷ Die *Zwiebeln* zugeben und kurz mitbraten. Das *Tomatenmark* zufügen. Das *Mehl* darüber stäuben, anschwitzen lassen und mit dem *Fond* und dem *Rotwein* ablöschen. Die *Pfefferkörner* und die *Wacholderbeeren* zerquetschen und zufügen. Mit *Salz* und *Pfeffer* abschmecken. ❸ Die Einweichsauce der Steinpilze durch ein Sieb dazugeben. Die Steinpilze auf die Seite stellen. Die Ofensuppe zugedeckt im vorgeheizten Backofen bei 170 °C ca. 90 Minuten schmoren. ❹ Nach der Hälfte der Garzeit die gewürfelten *Möhren* und den *Lauch* sowie die Steinpilze zugeben. Falls nötig mit etwas heißem Wasser auffüllen. Am Ende der Garzeit *Johannisbeergelee* und *saure Sahne* einrühren. Einmal aufkochen und nochmals kräftig abschmecken. Mit frischem Weißbrot servieren.

Sollte von Ihrem Rehbraten noch etwas Fleisch übrig sein, probieren Sie doch damit diesen fruchtigen Wildsalat:

WILDSALAT MIT FRÜCHTEN UND CAMENBERT

FÜR 4 PERSONEN

* *

2 Birnen | 250 g blaue Weintrauben | 250 g Camenbert | 200 g Rehbraten | 100 g Pfifferlinge *(aus der Dose)* | 1 Becher Schmand | 5 EL Orangensaft | 5 EL Cognac | 3 EL Preiselbeerkompott | ½ TL Meerrettich | Petersilie | roter Pfeffer

* *

❶ Die *Birnen* waschen, halbieren, das Kerngehäuse herausschneiden und in dünne Spalten schneiden. Die *Weintrauben* halbieren und eventuelle Kerne entfernen. Den *Camenbert* in ca. einen halben Zentimeter dicke Scheiben, das *Rehfleisch* in dünne Scheiben schneiden. ❷ Eine Servierplatte mit den Birnenspalten belegen und darauf Weintrauben, *Pfifferlinge*, Camenbertscheiben und Wildfleisch verteilen. ❸ Für die Sauce den *Schmand* mit dem *Orangensaft* und dem *Cognac* verrühren. Das *Preiselbeerkompott* und den *Meerrettich* unterheben. Die Sauce über den angerichteten Salat gießen und mit *Petersilie* und *rotem Pfeffer* garnieren.

WACHTELN AUF TRAUBENSOCKEL

FÜR 4–8 PERSONEN

Als feine Vorspeise genügt pro Person eine Wachtel. Für einen Hauptgang zwei Wachteln pro Person vorsehen.

4–8 Wachteln | Salz | Pfeffer | pro Wachtel 3 Scheiben Bacon | 1 Bund Thymian | 3 EL Butterschmalz | 1/8 l lieblicher Wein | 1/8 l Geflügelfond aus dem Glas | 500 g kernlose Weintrauben | pro Wachtel 1 Scheibe Weißbrot | Butter | 30 g Kalbsleberwurst | 2 EL Sahne | 3 EL Crème de Cassis

❶ Die *Wachteln* waschen und trocken tupfen. Evtl. noch vorhandene Federreste mit der Pinzette entfernen. Die Wachteln mit *Salz* und *Pfeffer* würzen. ❷ 1 Scheibe *Bacon* der Länge nach halbieren und die Füße mit einer Hälfte zusammenbinden. Die andere Hälfte zusammen mit einen Stängel *Thymian* in den Körper füllen. ❸ Das *Butterschmalz* in einem Bräter erhitzen, die Wachteln mit der Brustseite unten hineinlegen und scharf anbraten. Wenden und auch auf der anderen Seite anbraten. ❹ Die Wachteln mit dem restlichen Bacon belegen und in den auf 200 °C vorgeheizten Ofen schieben. Die Hälfte des *Weins* zugießen und ca. 10 Minuten schmoren lassen. ❺ Den restlichen *Wein* und den *Geflügelfond* zugießen; die von den Stängeln gezupften, halbierten *Weintrauben* hinzufügen. ❻ Zwischenzeitlich in einer Pfanne das *Weißbrot* von beiden Seiten in *Butter* anrösten und zur Seite stellen. ❼ Die Wachteln aus dem Ofen nehmen und den Bratfond in einen kleinen Topf abgießen. Mit dem Schneebesen die *Kalbsleberwurst* in Stückchen unterrühren und etwas einkochen lassen. Dann die 2 EL *Sahne* und den *Cassislikör* dazugeben, evtl. noch etwas salzen und pfeffern. Die Sauce durch ein Sieb zu den Wachteln gießen. ❽ Pro Wachtel eine geröstete Weißbrotscheibe auf einen Teller legen, die Wachtel darauf platzieren und die Weintrauben darumlegen. Mit Thymianblättchen garnieren.

Die fruchtige Süße der Weintrauben ergänzt den feinen Geflügelgeschmack der **WACHTELN.**

VON INNEN WÄRMEN – EINLADUNG ZUM TEE

Tee und Winter gehören einfach zusammen. Sicher schmeckt eine gute Tasse Tee auch im Sommer, doch im Winter ist ihre Wirkung unübertrefflich. Und nur im Winter gibt es viele leckere Varianten mit Gewürzen oder mit Schuss. Speziell nach einem Spaziergang im Kalten, aber auch einfach zwischendurch wärmt eine Tasse Tee Körper und Seele. Neben Tee gibt es noch viele andere Heißgetränke für die Winterzeit. Allen voran der Glühwein, dessen Vorläufer die schon in der Antike und im Mittelalter beliebten, kalt oder warm getrunkenen Würzweine waren. In einen guten Glühwein gehören ebenso wie in die meisten Würztees und Punsche Gewürze wie Zimt, Nelke, Sternanis und Zitronenschale. ❊ Laden Sie Freunde oder Bekannte doch einfach einmal zum winterlichen Tee und servieren Sie zum Beispiel heißen Gewürztee oder leckeren Apfelpunsch. Einige bekannte und weniger bekannte Rezepte finden Sie im Folgenden. Damit auch der Gaumen nicht zu kurz kommt, habe ich auch einige Vorschläge für köstliches Gebäck zusammengestellt. So können Sie sich den Winter versüßen.

FEINES SILBER
veredelt den Tisch jeder Teegesellschaft.

GLÜHWEIN-GUGELHUPF

Ideal zum Adventstee

250 g Butter oder Margarine | 250 g feinster Zucker | 4 Eier | 100 g Zartbitter-Kuvertüre | 50 g getrocknete Feigen | 50 g getrocknete Aprikosen | 150 ml Glühwein | 2 TL Backpulver | 250 g Mehl | 50 g gemahlene Mandeln | 1 TL Lebkuchengewürz | Semmelbrösel | Puderzucker zum Bestäuben

❶ Die *Butter* mit dem *Zucker* schaumig rühren, nach und nach die *Eier* unterrühren. ❷ *Kuvertüre*, *Feigen* und *Aprikosen* klein hacken. Zusammen mit dem *Glühwein* zum Teig geben und unterrühren. ❸ Zum Schluss das mit dem *Backpulver* vermengte *Mehl*, die *Mandeln* und das *Lebkuchengewürz* zugeben und verrühren. ❹ Eine Gugelhupf-Form einfetten und mit *Semmelbröseln* ausstreuen. Den Teig einfüllen und im vorgeheizten Backofen bei 180 °C (Umluft 160 °C) 1 Stunde backen. Auskühlen lassen und mit *Puderzucker* bestäuben.

BROWNIES

ERGIBT CA. 20 STÜCK

200 g Zartbitter-Kuvertüre | 200 g Butter | 6 Eier | 300 g Zucker | 2 Päckchen Bourbon-Vanillezucker | 6 EL starken Kaffee | 5 EL Rum | 300 g Mehl | ½ Päckchen Backpulver | 400 g gehackte gemischte Nüsse zum Beispiel Walnüsse, Mandeln, Pistazien, Cashewnüsse, Paranüsse | *Außerdem: 1 Backblech mit hohem Rand*

❶ Die *Kuvertüre* in Stücke hacken und zusammen mit der *Butter* in einem Topf bei kleiner Hitze langsam schmelzen lassen. Abkühlen lassen. ❷ Die *Eier* mit dem *Zucker* und dem *Vanillezucker* dickcremig aufschlagen (mind. 8 Minuten). Die abgekühlte Butter-Schokomasse und die Zuckercreme zusammen mit *Kaffee*, *Rum*, *Mehl* und *Backpulver* zu einem Teig verrühren. Die gehackten *Nüsse* unterheben. ❸ Ein Backblech mit Backpapier auslegen. Die Masse gleichmäßig auf dem Backblech verstreichen. Im vorgeheizten Backofen bei 180 °C (keine Umluft) ca. 45 Minuten backen. ❹ Das Backblech aus dem Ofen nehmen. Abkühlen lassen und in ca. 20 Stücke schneiden.

FESTLICHES SILBER UND WARME FARBEN *sorgen für die richtige Adventsstimmung.*

BAISER-MANDELTORTE

Einfach zu machen – erinnert mit ihrem fruchtig-sahnigen Geschmack an den vergangenen Sommer

Teig

100 g Butter oder Margarine | 100 g Zucker | 4 Eigelb *(das Eiweiß wird zum Baiser verarbeitet)* | 1 Päckchen Vanillezucker | 150 g Mehl | 1,5 TL Backpulver | 5 EL Milch | 2 Springformen *(Durchmesser je 26 Zentimeter)* | Semmelbrösel zum Ausstreuen der Springformen

❶ Die *Butter* mit *Zucker*, *Eigelb* und *Vanillezucker* schaumig rühren. Das gesiebte *Mehl* mit *Backpulver* und *Milch* unterrühren. ❷ Die Springformen einfetten und mit *Semmelbröseln* ausstreuen. Je eine Hälfte des Teiges in eine Springform streichen.

Baiser

4 Eiweiß | 150 g feinster Zucker | 1 Päckchen Bourbon-Vanillezucker | 200 g Mandelblättchen

❶ Das *Eiweiß* mit dem Rührgerät schlagen, bis es dickcremig ist. Nach und nach den *Zucker* und den *Vanillezucker* einrieseln lassen und weiterschlagen, bis der Eischnee glänzt. ❷ Die Masse halbieren und je eine Hälfte auf den Teig in der Springform streichen. Anschließend die *Mandelblättchen* darüber streuen. ❸ Bei 180 °C ca. 20 Minuten backen. Abkühlen lassen und aus der Form lösen.

Füllung

2 Becher Sahne | 2 EL Instant-Vanillecreme *(zum Beispiel Paradiescreme)* | 2 Dosen Mandarinen oder Obst nach Belieben

❶ Die *Sahne* mit der *Vanillecreme* zusammen aufschlagen. ❷ Die *Mandarinen* abtropfen lassen, evtl. noch etwas trocken tupfen. Unter die Sahnemasse heben. ❸ Einen *fertigen Tortenboden* auf eine Platte setzen. Einen Tortenring herumlegen und die Füllung in den Tortenring einfüllen. ❹ Den zweiten Teigboden darauf legen und die Torte ca. 1 Stunde kühl stellen. Aus dem Tortenring lösen und servieren.

PETITS FOURS

Kleine Gebäckhäppchen aus Biskuit – gefüllt mit Marmelade oder Creme, überzogen mit Marzipan oder Zuckerguss. Man kann bei der Verzierung seine ganze Kreativität ausleben und richtige kleine Kostbarkeiten herstellen. Die Biskuitböden sollten bereits am Vortag gebacken werden.

Heller Biskuit

4 Eier | 125 g Zucker | 1 Päckchen Vanillezucker | 125 g Mehl | 25 g Speisestärke | 1 TL Backpulver

❶ Die *Eier* mit 4 EL heißem Wasser mit dem Rührgerät sehr schaumig rühren. Den *Zucker* und den *Vanillezucker* langsam einrieseln lassen und weitere 5 Minuten schlagen, bis die Masse dickcremig ist. ❷ Das *Mehl* mit der *Stärke* und dem *Backpulver* mischen und vorsichtig unter die Crememasse heben. ❸ Ein Backblech mit Backpapier auslegen, Teig verstreichen und im auf 180 °C vorgeheizten Backofen ca. 10–12 Minuten backen. ❹ Das Kuchenblech sofort auf ein mit Zucker bestreutes Küchentuch stürzen und vorsichtig das Backpapier abziehen, evtl. dazu das Papier leicht mit Wasser einstreichen.

Dunkler Biskuit

4 Eier | 125 g Zucker | 1 Päckchen Vanillezucker | 125 g Mehl *(hier: 2 EL des Mehls durch 2 EL Kakao ersetzen)* | 25 g Speisestärke | 1 TL Backpulver

Wie den hellen Biskuit zubereiten.

Füllung und Guss

Konfitüre | 200 g Marzipanrohmasse | 70 g Puderzucker | 400 g Puderzucker | 3 EL Wasser oder Zitronensaft

❶ Am nächsten Tag eine der Teigplatten mit *Konfitüre* (je nach Geschmack) bestreichen. ❷ Die *Marzipanrohmasse* und den *Puderzucker* zusammen verkneten. Zu einer Platte ausrollen und auf die Konfitüre legen. Sie können aber auch stattdessen eine leichte Buttercreme auftragen. ❸ Die zweite Teigplatte darüber legen und die Ränder begradigen. Aus dem Teig kleine Würfel oder Dreiecke schneiden. ❹ Für den Guss den gesiebten *Puderzucker* mit dem *Wasser* glatt rühren. Der Guss muss zäh sein, sollte aber noch vom Löffel tropfen. Die Petit fours auf ein Kuchengitter legen – darunter sollte sich zum Auffangen der abfließenden Glasur entweder ein Behälter oder eine Folie befinden – und mit der Glasur begießen. Trocknen lassen.

TIPP

UM EINE **ROSAFARBENE GLASUR** ZU ERHALTEN, KÖNNEN SIE STATT WASSER AUCH ROTE-BETE-SAFT VERWENDEN ODER SPEISEFARBE. SIE KÖNNEN DIE TEIGSTÜCKE ABER AUCH MIT MARZIPAN ÜBERZIEHEN. ZUR **DEKORATION** IST ALLES ERLAUBT, ZUM BEISPIEL COCKTAILKIRSCHEN, KANDIERTE FRÜCHTE, MOKKABOHNEN, MANDEL- ODER WALNUSSHÄLFTEN SOWIE AUS MARZIPAN GEFORMTE BLÜTEN. AUF JEDEN FALL GEHÖREN VERZIERUNGEN AUS **KUVERTÜRE** DAZU. FÜR DIE FEINEN LINIEN SCHNEIDEN SIE AN EINER ECKE EINES GEFRIERBEUTELS EINE WINZIGE SPITZE AB UND FÜLLEN DIE KUVERTÜRE IN DEN BEUTEL. **FARBIGE AKZENTE** KÖNNEN DURCH KANDIERTE KIRSCHEN, PISTAZIEN ODER MIT LEBENSMITTELFARBEN GEFÄRBTEN ZUCKERGUSS ODER MARZIPAN GESETZT WERDEN. AUCH ORNAMENTE AUS KUVERTÜRE SEHEN GUT AUS.

PEKANNUSS-PIE

Stammt aus den amerikanischen Südstaaten – unwiderstehlich nussig und sehr gehaltvoll

Teig

150 g Mehl | 100 g kalte Butter in Stückchen geschnitten | 5 EL kaltes Wasser | 1 Prise Salz

❶ Das *Mehl* mit der *Butter,* dem *Wasser* und dem *Salz* mit den Händen zu einem glatten Teig verkneten, bis er geschmeidig ist. 30 Minuten ruhen lassen. ❷ Dann eine Pie- oder Tarteform buttern, den Teig ausrollen und die Form damit auslegen. Überstehende Ränder abschneiden, zusammenkneten und nochmals ausrollen, um daraus Blätter zur Randdekoration zu schneiden. Die Blätter auf die Seite legen. ❸ Den Backofen auf 200 °C vorheizen. Den Teig mit Backpapier abdecken, getrocknete Hülsenfrüchte wie Erbsen oder Bohnenkerne darauf füllen und 15 Minuten blind backen. Aus dem Ofen nehmen.

Füllung

4 Eier | 150 ml Sahne | 200 ml Ahornsirup | Mark einer Vanilleschote | 250 g Pekannüsse

❶ Die *Eier* mit der *Sahne* verquirlen und unter ständigem Rühren den *Ahornsirup* hinzugeben. Dann das Mark der *Vanilleschote* und die *Pekannüsse* unterrühren und auf den gebackenen Boden füllen. Die auf die Seite gelegten Blätter mit *Eiweiß* bepinseln und auf den vorgebackenen Teigrand aufkleben. ❷ Bei 180 °C ca. 40 Minuten backen. Abkühlen lassen. Vor dem Servieren mit *Ahornsirup* oder *Aprikosenmarmelade* bestreichen.

PETITS FOURS *benötigen ein wenig handwerkliches Geschick beim Formen der Marzipanverzierungen, sehen danach aber umso schöner aus.*

ZIMT-HIPPEN-RÖLLCHEN

Ein zartblättriger Genuss

* *

100 g weiche Butter | 1 TL gemahlener Zimt | 50 g Puderzucker | 3 Eiweiß | Salz | 50 g feinster Zucker | 100 g Mehl

* *

❶ Aus einem Stück festen Kartons in der Mitte ein Rechteck von 5 x 10 Zentimetern Größe herausschneiden, sodass eine Schablone entsteht. ❷ Die *Butter* mit *Zimt* und *Puderzucker* schaumig rühren. ❸ Das *Eiweiß* mit einer Prise *Salz* steif schlagen. Nach und nach den *Zucker* einrieseln lassen. Weiterschlagen, bis eine glänzende Masse entsteht. ❹ Das *Mehl* und den Eischnee abwechselnd unter die Buttermasse rühren. Den Backofen auf 180 °C vorheizen. ❺ Das Backblech mit Backpapier belegen. Mit Hilfe der Schablone den Teig dünn und gleichmäßig in Rechtecken auf das Backpapier streichen. Im vorgeheizten Backofen so lange backen, bis der Teig leichte Farbe angenommen hat. Das Blech herausnehmen und abkühlen lassen. ❻ Das Backblech nochmals in den Ofen schieben und solange backen, bis der Teig gleichmäßig goldbraun ist. Den Backvorgang beobachten, da sich der Teig schnell bräunt. ❼ Die Rechtecke sofort vom Backpapier lösen und rasch zu Röllchen formen.

TIPP

DER TEIG REICHT FÜR MEHRERE BLECHE. SIE SOLLTEN JEDOCH IMMER EIN BLECH NACH DEM ANDEREN BACKEN, DA DER TEIG SCHNELL ABKÜHLT UND SIE SONST MIT DEM AUFROLLEN NICHT NACHKOMMEN.

SCHWEDEN-GLÖGG

FÜR 8 GLÄSER

Was dem Süddeutschen sein Glühwein, ist dem »Nordlicht« sein Glögg, auch Schwedenpunsch genannt. Die Mixtur aus Wein, Wermut und Gewürzen erzeugt im Körper wohlige Wärme.

* *

½ l trockener Rotwein | ½ l süßer Muskateller | ¼ l roter Wermut oder Portwein | 1 Zimtstange | ½ TL gemahlener Ingwer | 1 Messerspitze Kardamom | 3 Nelken | 120 g Rosinen | ¼ l Wasser | 100 g blanchierte ganze Mandeln | evtl. Zucker | evtl. Orangenlikör oder Amaretto

* *

❶ Die *Weine* mit den *Gewürzen* und den *Rosinen* mischen. Ziehen lassen. ❷ Das *Wasser* zugeben und das Ganze erhitzen, aber nicht sieden lassen. Die *Mandeln* hinzugeben und evtl. mit *Zucker* abschmecken. ❸ Auf Wunsch 2 Schnapsgläser *Orangenlikör* oder *Amaretto* hinzufügen. Mit einem Löffel servieren, damit die Gäste an die Mandeln und Rosinen gelangen können.

GEWÜRZTEE

FÜR 6 GLÄSER

* *

1 Bio-Zitrone | 1 Zimtstange | 10 Gewürznelken | 1 TL Kardamom | 2 Zentimeter frischer Ingwer | frische Minzeblätter | 1 l Wasser | 2 EL Earl-Grey-Tee | 5 EL Rohrzucker | 3 EL Rosinen | 3 EL geröstete Mandeln

* *

Die *Zitrone* schälen und auspressen. *Gewürze*, *Ingwer*, *Zitronenschale* und *Minzeblätter* einige Minuten in dem *Wasser* kochen. Vom Herd nehmen, den *Earl-Grey-Tee* zugeben und zugedeckt 5 Minuten ziehen lassen. Abseihen und den *Rohrzucker* sowie den frisch gepressten *Zitronensaft* hinzufügen. Mit *Rosinen* und *gerösteten Mandeln* servieren.

APFELPUNSCH

FÜR 6 GLÄSER

1 l Apfelsaft | 5 Gewürznelken | 2 Sternanisfrüchte | 1 Zimtstange | 10 Pfefferkörner | 100 ml frisch gepresster Grapefruitsaft | 2 EL Ahornsirup | 4 Kumquats

Den *Apfelsaft* mit den *Gewürzen* langsam erwärmen und abgedeckt 30 Minuten ziehen lassen. Den *Grapefruitsaft* und den *Ahornsirup* hinzugeben und das Ganze erneut erwärmen. Die *Kumquats* waschen, in Scheiben schneiden und vor dem Servieren zum Punsch geben.

FRIESENPUNSCH

FÜR 4 GLÄSER

2 Limetten | 4 EL Ostfriesentee | 800 ml Wasser | 6 EL Honig | 6 EL Rumtopffrüchte oder in Rum eingelegte Rosinen | 8 EL Rum

Die *Limetten* heiß abspülen und abtrocknen. Die Schale hauchdünn abschälen und in Streifen schneiden. Die Limetten auspressen. Den *Tee* mit dem kochenden *Wasser* übergießen. 5 Minuten ziehen lassen und mit dem *Honig* süßen. Die *Rumfrüchte* zusammen mit dem *Rum* in Gläser füllen und mit Tee aufgießen. Den Limettensaft und die Limettenschale dazugeben.

BÄRENFÄNGER

FÜR 4 GLÄSER

8 unbehandelte Orangen | 2 Limetten | 4 Zimtstangen | 8 ganze Nelken | 160 ml Honiglikör | *Garnitur: 4 Zimtstangen und 4 Orangenscheiben*

Die *Orangen* und die *Limetten* auspressen und den Saft in einen kleinen Topf geben. *Zimtstangen*, *Nelken* und *Honiglikör* dazugeben und kurz erhitzen, nicht kochen. In Gläser füllen und mit einer *Zimtstange* und einer *Orangenscheibe* garnieren.

WINTERZAUBER

FÜR 4 GLÄSER

300 ml Rotwein | 100 ml Johannisbeersaft *(ungesüßt, aus dem Reformhaus)* | abgeriebene Schale und Saft einer Bio-Orange und einer Bio-Zitrone | 4 Stangen Zimt | 6 Gewürznelken | 60 g Kandiszucker | 6 EL Orangenlikör *(zum Beispiel Cointreau oder Grand Marnier)*

Rotwein, *Johannisbeersaft*, *abgeriebene Schale und Saft der Zitrusfrüchte* sowie *Gewürze* zusammen aufkochen und 10 Minuten ziehen lassen. Durch ein feines Sieb in eine Teekanne seihen. *Kandiszucker* und *Orangenlikör* dazugeben und das Ganze auf einem Stövchen warm halten.

FRUCHTLIKÖR ZUM ADVENT

Um zum Advent diesen selbst gemachten Fruchtlikör genießen zu können, muss er schon mindestens vier Wochen vorher angesetzt werden.

* *

125 g getrocknete Feigen | 125 g Trockenpflaumen ohne Kern | 50 g getrocknete Datteln | Mark einer Vanilleschote | ½ Stange Zimt | 3 Gewürznelken | 1 Messerspitze Kardamon | 1 Messerspitze Muskatblüte | 2 EL Honig | 100 g Zucker | 0,7 l Weinbrand

* *

❶ Die *Zutaten* in ein großes Bügelglas geben und mit dem *Weinbrand* aufgießen. Etwa vier Wochen ziehen lassen. ❷ Ein Mulltuch in ein Sieb legen und den Likör durchseihen. Einige Tage ruhen lassen. ❸ Den Likör ein zweites Mal durch ein feines Tuch abseihen, damit er klar wird.

TIPP

DIE FRÜCHTE KÖNNEN ALS BEILAGE ZU EINEM DESSERT VERWENDET WERDEN. DABEI SOLLTEN SIE DEN HOHEN ALKOHOLGEHALT DER FRÜCHTE BEACHTEN UND DIESE NUR SPARSAM VERWENDEN.

SELBST GEMACHTER EIERLIKÖR

Schmeckt einfach köstlich und ist die beste Resteverwertung der übrig gebliebenen Eigelbe, wenn Sie zum Beispiel Baiserplätzchen backen.

* *

7 ganz frische Eigelb | 2 Päckchen Vanillezucker | 250 g feinster Zucker oder Puderzucker | 200 ml Dosenmilch *(10 Prozent)* | 1 Teethermometer | ¼ l Korn oder Doppelkorn

* *

❶ Die *Eigelbe* in einem mittleren Kochtopf mit *Vanillezucker* und *Zucker* mit dem Schneebesen fest verrühren, dann die *Dosenmilch* dazugeben. Den Kochtopf in einen größeren Topf mit kochendem Wasser setzen. ❷ Nun die Eigelbmasse unter ständigem Rühren erhitzen, dabei mit dem Thermometer die Temperatur messen (70 °C nicht überschreiten). Nach und nach den *Korn* zugießen. Der Eierlikör ist fertig, wenn er dick zu werden beginnt. In eine mit kochendem Wasser ausgespülte Flasche abfüllen und im Kühlschrank aufbewahren.

Warme **GOLDTÖNE** *lassen die Kälte des Winters vergessen.*

Noch ist Herbst nicht ganz entflohn,
Aber als Knecht Ruprecht schon
Kommt der Winter hergeschritten,
Und alsbald aus Schnees Mitten
Klingt des Schlittenglöckleins Ton.

Und was jüngst noch, fern und nah,
Bunt auf uns herniedersah,
Weiß sind Türme, Dächer, Zweige,
Und das Jahr geht auf die Neige,
Und das schönste Fest ist da.

Aus: Theodor Fontane (1819–1898), Verse zum Advent

UND DAS SCHÖNSTE FEST IST DA

Dass Weihnachten das schönste Fest wird, das der Jahreskreis zu bieten hat, ist der Wunsch jeder Hausfrau und jedes Hausmannes. Schon Wochen vorher macht man sich Gedanken, wie denn der Weihnachtsbaum dieses Jahr dekoriert wird. Ob rustikal oder elegant, trendig in den neuen Farben oder doch golden oder silbern. Und dann die Fragen: »Was koche ich dieses Jahr?« und »Wie wird der Tisch dekoriert?«. Das Festessen an Weihnachten hat jedenfalls eine lange Tradition, auch wenn es früher nicht am 24. Dezember, sondern erst am ersten Feiertag begangen wurde – Heiligabend war nämlich noch ein Fastentag. Die meisten Familien feiern aber heute schon am Heiligen Abend Bescherung und beginnen den Abend mit einem ganz besonderen Festessen. Zu den beliebtesten Gerichten gehören Gans und Ente oder Fisch – Letzteres ein Überbleibsel aus der Zeit, als am Heiligen Abend noch gefastet wurde. ❋ Wenn am Heiligen Abend, wie in meiner Familie üblich, Verwandte und die längst flügge gewordenen Kinder meist am frühen Nachmittag nacheinander eintreffen, steigt die Vorfreude auf die abendliche Bescherung und das festliche Essen. Zum Einstimmen auf das Fest gibt es bei uns das »Warten-auf-das-Christkind-Ritual«. Dazu gibt es sowohl Süßes wie eine Weihnachtstorte als auch Salziges wie Kanapees oder Häppchen. Zuallererst aber serviere ich den Weihnachts-Eierpunsch, der schon Stunden vorher vorbereitet worden ist.

Als **DEKORATION** *für ein weihnachtliches Festmenü empfehle ich die festlichen Farben Silber und Weiß. Die Tischmitte ziert ein Gesteck aus weißen Amaryllis, Immergrün und Zapfen.*

WEIHNACHTS-EIER-PUNSCH

FÜR 6–8 PERSONEN

4 Eier | 100 g Zucker | 350 ml Milch | 150 ml Brandy | 150 ml Whisky | 125 ml Sahne | Muskatnuss

❶ Die *Eier* trennen und das *Eiweiß* kalt stellen. Das *Eigelb* mit dem Rührgerät schaumig schlagen, nach und nach den *Zucker* einrieseln lassen. So lange weiterschlagen, bis die Masse ganz dickcremig ist, dann abwechselnd *Milch*, *Brandy* und *Whisky* unterrühren. 2–4 Stunden kalt stellen. ❷ Wenn die Gäste eintreffen, die *Sahne* leicht anschlagen und das Eiweiß so lange schlagen, bis die Masse glänzt. Mit dem Rührgerät die kalt gestellte Eigelbmischung nochmals aufschlagen und die Sahne unterziehen. ❸ Zum Schluss das steif geschlagene Eiweiß unterheben und sofort in gut gekühlte Gläser füllen. Etwas frisch geriebene *Muskatnuss* darüber streuen.

Für die süßen Leckermäuler:

WEIHNACHTSTORTE

Eine weiße Weihnachtspracht

Teig

3 Eier | 3 EL kaltes Wasser | 1 Prise Salz | 120 g Zucker | 125 g Mehl | ½ Päckchen Backpulver | 2 TL Zimt | geriebene Nüsse

❶ Die *Eier* trennen. Das *Eiweiß* mit *kaltem Wasser* und *Salz* steif schlagen, dabei nach und nach den *Zucker* einrieseln lassen. Das *Eigelb* einzeln darunter ziehen. ❷ *Mehl*, *Backpulver* und *Zimt* darübersieben und vorsichtig unterheben. Eine Springform am Boden einfetten und mit *geriebenen Nüssen* bestreuen. Im vorgeheizten Backofen bei 180 °C ca. 20 Minuten backen. Abkühlen lassen.

Füllung

1 Packung Kirschback *(fertige Kirschfüllung)* | 10 Blatt Gelatine | 250 g Mascarpone | 500 g Magerquark | 130 g feinster Zucker | 2 EL Zitronensaft | 2 Becher Sahne | auf Wunsch 3 EL Schokoladentropfen | 50 g Meringues *(weiße Baisers)*

❶ Den Tortenboden halbieren. Einen Boden mit der fertigen *Kirschmischung* bestreichen und den zweiten Boden darüber legen. ❷ Die *Gelatine* in kaltem Wasser einweichen. Den *Mascarpone* und den *Quark* zusammen mit dem *Zucker* cremig rühren. Den *Zitronensaft* erhitzen und die eingeweichte Gelatine darin auflösen. 3 EL der Quarkmischung zur Gelatine rühren, dann alles zusammen unter die Quarkcreme ziehen. ❸ Die *Sahne* steif schlagen. Wenn die Quarkcreme zu gelieren beginnt, die Sahne und falls gewünscht die *Schokoladentröpfchen* unterziehen. Die Creme kuppelförmig auf dem zweiten Boden aufhäufen und verstreichen. Mindestens 4 Stunden kalt stellen. ❹ Die *Meringues* grob zerbröseln und erst kurz vor dem Servieren auf die Torte streuen, da sie sonst weich werden.

Bei der Wahl der Festtagssuppe sollte man unter den saisonal angebotenen Zutaten wählen, um die besten Ergebnisse zu erzielen. Im Winter haben Wurzelgemüse wie Pastinaken, Möhren, Schwarzwurzeln und Petersilienwurzel Hochsaison. Hier einige Möglichkeiten:

SCHWARZWURZEL-CREMESUPPE

FÜR 6 PERSONEN

Typisch winterlich – traditionell

* *

50 g Mehl | 3 EL Essig | 1,5 kg Schwarzwurzeln | 50 g Butter | 1 Becher Sahne | 2 TL Salz | Pfeffer | geriebener Parmesankäse

* *

❶ In einer größeren Schüssel das *Mehl* mit dem *Essig* verrühren und mit Wasser aufgießen. ❷ Die *Schwarzwurzeln* waschen, schälen und in Stücke schneiden. Sofort in die obige Flüssigkeit legen, damit sie weiß bleiben. ❸ In einem großen Topf 2 Liter Wasser zum Kochen bringen und die Schwarzwurzelstücke darin 2 Minuten abgedeckt blanchieren. Durch ein Sieb schütten und das Kochwasser auffangen. ❹ Die blanchierten Schwarzwurzelstücke in Scheibchen schneiden und mit der *Butter* in einer Kasserolle bei milder Hitze ca. 15 Minuten schmoren lassen. Evtl. etwas Kochwasser zugeben. Mit dem Pürierstab pürieren. ❺ Mit dem Kochwasser aufgießen, die *Sahne* zugeben und nochmals 5 Minuten leicht köcheln lassen. Mit *Salz* und *Pfeffer* abschmecken. Beim Servieren mit dem *Parmesankäse* bestreuen.

TIPP

DIE SCHWARZWURZELN BESITZEN EINEN FEINEN EIGENGESCHMACK, DER NICHT DURCH SCHARFES WÜRZEN ÜBERDECKT WERDEN SOLLTE.

PETERSILIENWURZEL-SCHAUMSÜPPCHEN

FÜR 6 PERSONEN

Pikant und duftig

* *

500 g Petersilienwurzel | 3 Schalotten | 2 EL Butter | 150 ml Weißwein | 400 ml Gemüsebrühe | 350 ml Milch | 350 ml Sahne | Salz | Pfeffer | Muskatnuss | *Dekoration: Croutons oder Schnittlauchröllchen*

* *

❶ Die *Petersilienwurzel* schälen und in Würfel schneiden. Die *Schalotten* klein würfeln und in der *Butter* anschwitzen. Die Petersilienwurzel dazugeben und alles kurz anbraten. Mit *Weißwein* und der *Gemüsebrühe* aufgießen und ca. 25 Minuten köcheln lassen. ❷ *Milch* und *Sahne* zugeben und unter ständigem Rühren nochmals aufkochen lassen. Mit *Salz*, *Pfeffer* und *Muskatnuss* würzen. Mit dem Pürierstab pürieren und vor dem Servieren erneut kurz aufschäumen. Mit *Croutons* oder *Schnittlauchröllchen* garnieren.

Start für ein delikates Weihnachtsmenü: Das PETERSILIENWURZEL-SCHAUMSÜPPCHEN.

GRANATAPFELSALAT MIT GERÄUCHERTER ENTENBRUST

FÜR 6 PERSONEN

Einfach zuzubereiten – dekorativ in der Wirkung

3 Granatäpfel | 5 EL Rosinen | 5 EL kleine Kapern aus dem Glas | 6 EL Portwein | 2 EL flüssiger Honig | 4 EL Balsamico-Essig | 4 EL Walnussöl | Salz | Pfeffer | 1 Kopf Eichblattsalat | 250 g geräucherte, aufgeschnittene Entenbrust aus dem Kühlregal | 2 Frühlingszwiebeln | Toastbrot

❶ Die *Granatäpfel* halbieren. Die Kerne aus den weißen Häutchen lösen und mit *Rosinen* und *Kapern* vermischen. ❷ Den *Portwein* mit *Honig*, *Balsamico-Essig* und *Öl* verrühren. Mit *Salz* und *Pfeffer* abschmecken. Die Vinaigrette über die Granatapfelmischung geben und etwas ziehen lassen. Einen Teil der Vinaigrette zurückbehalten. ❸ Den *Eichblattsalat* putzen, waschen und trocken schleudern. In Stücke zupfen und die Teller damit auslegen. Den Granatapfelsalat darüber verteilen und die *Entenbrustscheiben* dekorativ davor platzieren. ❹ Die *Frühlingszwiebeln* putzen und in lange, dünne Streifen schneiden. Auf dem Teller verteilen und mit 1 TL der verbliebenen Vinaigrette begießen.

TIPP

DAZU REICHEN SIE **GERÖSTETES TOASTBROT**, WOBEI SIE MIT PLÄTZCHENAUSSTECHERN WEIHNACHTLICHE FORMEN GESTALTEN KÖNNEN.

GERÄUCHERTE ENTENBRUST MIT GRANATAPFELSALAT – *hier verbinden sich einheimische winterliche Elemente in Form der Ente mit dem Geschmack sommerlicher Exotik.*

CRÊPES MIT LANGUSTENFÜLLUNG

FÜR 12 KLEINE CRÊPES

Eine festliche Vorspeise, die gut vorbereitet werden kann und nur noch im Ofen überbacken wird – Sie können also gelassen der Ankunft Ihrer Gäste entgegensehen.

Crêpes

250 g Mehl | 2 Eier | ¼ l Milch | 2 EL Öl | Salz | Pfeffer | Butter zum Backen

❶ Das *Mehl* in eine Schüssel sieben. Mit dem Rührgerät nacheinander *Eier* und *Milch* zugeben und den Teig etwas schlagen. Falls der Teig zu fest ist, noch etwas Milch oder Wasser zugeben. Dann das *Öl* sowie *Salz* und *Pfeffer* unterrühren und den Teig ca. 30 Minuten im Kühlschrank ruhen lassen. ❷ In einer kleinen Pfanne *Butter* heiß werden lassen. Eine kleine Menge Teig in die Mitte der Pfanne geben und diese schwenken, sodass sich der Teig über den ganzen Pfannenboden verteilt. Die Crêpes sollten sehr dünn werden, die Teigmenge muss also an die Pfannengröße angepasst werden.

TIPP

DIE FÜLLUNG KANN BEREITS EINIGE STUNDEN VORHER ZUBEREITET WERDEN. **DIE CRÊPES** KÖNNEN SCHON 2 STUNDEN VOR EINTREFFEN DER GÄSTE GEBACKEN WERDEN, SOLLTEN DANN ABER BIS ZUM GEBRAUCH GUT IN ALUFOLIE EINGEWICKELT WERDEN. / EIN WEITERER TIPP: DER GESCHMACK DIESER DELIKATEN VORSPEISE LÄSST SICH DURCH EINEN **FEIN GEHOBELTEN TRÜFFELPILZ** – IN COGNAC EINGELEGT ODER AUS DER DOSE – KRÖNEN, SOFERN SIE AN DIESE DELIKATESSE HERANKOMMEN KÖNNEN.

Füllung

400 g gekochtes Langustenschwanzfleisch (TK) | Butter | 300 g Champignons | 4 EL fertige Béchamelsauce *(zum Beispiel von Thomy)* | 2 Becher Crème double | 1 TL Salz | 1 TL fein gemahlener weißer Pfeffer | 1 Messerspitze Cayennepfeffer | 60 g geriebener Parmesan oder Grana Padano

❶ Das *Langustenfleisch* in Stückchen zerteilen. In einer Kasserolle *2 EL Butter* zerlaufen lassen. Das Langustenfleisch und die in Scheiben geschnittenen *Champignons* dazugeben und bei starker Hitze 4 Minuten schmoren lassen. Die Crêpes mit der Masse füllen und zusammenrollen. ❷ Eine feuerfeste Form mit *Butter* ausstreichen und die Crêpes nebeneinander hineinlegen. Die *Béchamelsauce* mit der *Crème double* sowie *Salz*, *Pfeffer* und *Cayennepfeffer* vermengen. Die Crêpes damit beträufeln und mit dem *geriebenen Käse* bestreuen. Butterflöckchen aufsetzen und die Crêpes im Grill 3–5 Minuten überkrusten.

SCHWEINEFILET IM KARTOFFELMANTEL

FÜR 8 PERSONEN
Leicht vorzubereiten

Schweinefilets

3 Schweinefilets mit je ca. 400–500 g | Pfeffer aus der Mühle | Mehl | Salz | 3 EL Dijon-Senf | 9 dünne Scheiben geräuchter Schinken

Kartoffelmantel

500 g Kartoffeln zum Kochen | 1000 g Kartoffeln zum Raspeln | 1 kleine Zwiebel | Butter | 1 Ei | Salz | Pfeffer | Muskatnuss

❶ Die *Schweinefilets* pfeffern. Etwas ziehen lassen. ❷ Ca. 500 g *Kartoffeln* in der Schale kochen, pellen und warm durch die Kartoffelpresse drücken. ❸ 1000 g *Kartoffeln* schälen, grob raspeln, kurz in Wasser legen und portionsweise mit der Hand sehr gut ausdrücken. Zu den gekochten Kartoffeln geben und vermischen. ❹ Die *Zwiebel* fein würfeln, kurz in *Butter* anschwitzen und zusammen mit dem *Ei* zur Kartoffelmasse geben. Mit *Salz*, *Pfeffer* und etwas geriebener *Muskatnuss* gut würzen. ❺ Das dünne Filetende umschlagen, sodass die Filets gleichmäßig dick sind. *Mehl* mit *Salz* mischen und das Fleisch darin wenden. Filets mit *Senf* bestreichen. Jedes Filet mit 3 Scheiben *Schinken* belegen. ❻ Ein Backblech mit Alufolie belegen und gut einbuttern. Die Filets mit Abstand darauf setzen und jedes Filet mit ca. 2 Zentimetern Kartoffelmasse umhüllen, fest andrücken, glatt streichen und mit etwas Öl oder Butter einpinseln. Gut zugedeckt kann dies auch noch einige Zeit stehen, bis es in den Ofen kommt. ❼ Im vorgeheizten Herd bei 200 °C ca. 30 Minuten backen.

Da hier der Bratenfond für eine Sauce fehlt, schlage ich Folgendes vor:

1 klein geschnittene Zwiebel | 1 Knoblauchzehe | 4 EL Butter | 1 Glas Rotwein | 2 EL Mehl | 250 ml Fleischfond *(aus dem Glas)* | 6 zerdrückte Pfefferkörner | Petersilie | Thymian | Salz | Pfeffer | evtl. etwas Madeira oder Noilly Prat

❶ Eine klein geschnittene *Zwiebel* und eine *Knoblauchzehe* in 2 EL *Butter* stark anbraten. Mit einem Glas *Rotwein* ablöschen und einkochen lassen. ❷ 2 EL *Mehl* dazugeben und mit 250 ml *Fleischfond aus dem Glas* ablöschen. *Pfefferkörner* sowie *Petersilie* und *Thymian* dazugeben und nur ganz schwach eine halbe Stunde köcheln lassen. ❸ Die Sauce durch ein Sieb streichen, nochmals in den Topf geben und mit 2 EL eiskalter *Butter* eindicken. Mit *Salz* und *Pfeffer* würzen. Auf Wunsch mit etwas *Madeira* oder *Noilly Prat* aromatisieren.

TIPP

ZU DIESEM GERICHT PASSEN ALS **BEILAGE** SPECKBOHNEN ODER SCHWARZWURZELN.

ABBILDUNGEN NÄCHSTE DOPPELSEITE
Links: Unter einer Schicht aus Kartoffelteig verbirgt sich feines **SCHWEINEFILET.** *Rechts: Der* **FISCH IM PASTETENMANTEL** *ist nicht nur ein Festmahl für den Gaumen, sondern auch für die Augen.*

FISCH IM PASTETEN-TEIGMANTEL

FÜR 6 PERSONEN

Etwas aufwändig, aber sehr dekorativ auf der Tafel

Für ein Festtagsgericht muss es nicht immer Fleisch sein. Auch Fisch, festlich zubereitet, eignet sich hervorragend. Sie können auf verschiedene Fischsorten zurückgreifen, besonders eignen sich zum Beispiel Lachsforellenfilets, Viktoriabarsch oder Wolfsbarsch. Durch den Pastetenmantel gart alles im eigenen Saft und wird so wunderbar zart.

Pastetenteig

500 g Mehl | 175 g Butter in Stückchen | 100 g saure Sahne | 2 Eier | ½ TL Salz

Das *Mehl* auf die Arbeitsfläche sieben und mit *Butterstückchen*, *saurer Sahne*, *Eiern* und *Salz* zu einem glatten Teig verkneten. 1 Stunde im Kühlschrank ruhen lassen.

Fischfüllung

800 g Fischfilet, zum Beispiel Viktoriabarschfilet | Saft von 1 Zitrone | Salz | 250 g frische Champignons | 200 g geräucherte Forelle oder Makrele | 2 Eigelb | 3 EL Béchamelsauce *(zum Beispiel von Thomy)* | 2 Eiweiß | weißer Pfeffer | 1 Bund Dill | 1 Eigelb zum Bestreichen

❶ Das *Fischfilet* mit etwas *Zitronensaft* beträufeln und salzen. Die *Champignons* putzen, trocken abreiben und zusammen mit dem *geräucherten Fisch*, den *2 Eigelb*, der *Béchamelsauce* und dem *Saft einer halben Zitrone* im Mixer pürieren. Die *2 Eiweiß* zu steifem Schnee schlagen und unter die Fischmasse ziehen. Mit *Salz* und *Pfeffer* abschmecken. ❷ Den Pastetenteig in zwei Hälften teilen. Die erste Hälfte in der Größe eines Backblechs ausrollen und entweder mit Hilfe einer Schablone aus Karton, die man vorher angefertigt hat, oder freihändig einen Fisch in der gewünschten Größe aus dem Teig ausschneiden und auf ein mit Backpapier ausgelegtes Backblech legen. ❸ Den *Dill* klein hacken und die Hälfte auf den Teig streuen, dabei einen breiten Rand lassen. Die Hälfte der Champignonfüllung aufstreichen, ebenfalls einen Rand lassen. Das Fischfilet darauf legen und mit der zweiten Hälfte der Champignonfüllung bestreichen. Mit dem restlichen Dill bestreuen. Die freigelassenen Ränder des Teigs mit *Eigelb* bestreichen. ❹ Jetzt die zweite Hälfte des Pastetenteigs ausrollen und über das Filet legen. Die überstehenden Teigränder abschneiden, Ränder zusammendrücken, sodass eine schöne Fischform vor Ihnen liegt. Den ganzen Teigfisch mit Eigelb bestreichen. Aus den abgeschnittenen Teigrändern Fischschuppen ausschneiden und auf die Fischform legen, leicht andrücken. Flossen und Fischschwanz anfügen. Den fertigen Fisch noch einmal mit Eigelb bestreichen und im vorgeheizten Backofen in ca. 50 Minuten bei 175 °C backen. Sie können den Fisch bereits Stunden vorher vorbereiten und müssen ihn, wenn die Gäste kommen, nur noch in den Ofen schieben.

TIPP

SIE KÖNNEN ANSTELLE DES PASTETENTEIGS AUCH AUF **FERTIGEN BLÄTTERTEIG** ZURÜCKGREIFEN.

GÂTEAU ST. HONORÉ

ERGIBT RUND 12 STÜCKE

Eine Torte aus Brandteig zu Ehren des heiligen Honorius, des Schutzpatrons der Bäcker. Wie geschaffen für den Abschluss eines festlichen Essens.

Diese Herstellungsphase kann bereits Stunden oder auch einen Tag vor dem Servieren erfolgen; das Gebäck muss dann aber luftdicht verpackt werden. Das Überziehen mit dem Karamell sollte erst kurz vor dem Servieren passieren. Ca. 2 Stunden vor dem Fest kann die Füllung gemacht werden:

Brandteig

¼ l Wasser | ½ Tl Salz | 100 g Butter | 150 g Mehl | 4 Eier Größe M | 1 Rolle Blätterteig aus dem TK-Regal | feinster Zucker

❶ Das *Wasser* mit dem *Salz* in einem Topf aufkochen, die *Butter* hinzufügen und schmelzen lassen. Das *Mehl* auf einmal in die Wasser-Butter-Mischung schütten, dabei ständig mit dem Kochlöffel umrühren. ❷ Bei mittlerer Hitze so lange rühren, bis der Teig einen Klumpen bildet und sich vom Topf löst. Vom Herd nehmen, etwas abkühlen lassen und nach und nach die *Eier* unterrühren. Dabei darauf achten, dass stets erst das nächste Ei eingerührt wird, wenn das vorige vollständig vom Teig aufgenommen ist. ❸ Ein Backblech mit Backpapier auslegen. Aus dem *Blätterteig* einen Boden mit ca. 24 Zentimetern Durchmesser ausschneiden, auf das Backblech legen und mit der Gabel mehrmals einstechen. ❹ Den Brandteig in einen Spritzbeutel mit großer Lochtülle einfüllen und dann auf den Blätterteigboden spiralförmig von innen nach außen »Teigwürste« aufspritzen. Dabei zwischen den einzelnen Strängen etwas Abstand lassen, da der Brandteig sich sehr ausbreitet. Darauf achten, dass ein dicker Außenrand entsteht. ❺ Auf den freien Platz auf dem Backblech ca. 16 Teighäufchen spritzen und alles mit *feinstem Zucker* bestreuen. ❻ Im auf 200 °C vorgeheizten Backofen ca. 35 Minuten backen. Das Backwerk sollte eine goldbraune Farbe angenommen haben. Auskühlen lassen.

TIPP

ZUM BACKEN EINE FEUERFESTE TASSE MIT WASSER MIT IN DEN HERD STELLEN.

Cremefüllung

½ l Milch | 1 Vanilleschote | 100 g Zucker | 5 Eigelb | 1 Prise Salz | 30 g Speisestärke | 3 Eiweiß | 2 EL feiner Zucker

❶ Die *Milch* aufkochen. Die *Vanilleschote* aufschlitzen, mit einem Messer das Mark herauskratzen und in der Milch ziehen lassen. ❷ 100 g *Zucker*, die *Eigelbe* und 1 Prise *Salz* zu einer dicken Creme aufschlagen und die *Speisestärke* zufügen. ❸ Die noch heiße Milch unter ständigem Rühren zu der Eimasse geben und alles zurück in den Topf schütten. Unter ständigem Rühren die Creme erhitzen, bis sie dicklich wird. Nach dem ersten Aufwallen sofort vom Feuer ziehen und weiterrühren, bis alles abgekühlt ist. ❹ Die *Eiweiße* steif aufschlagen, 2 EL *Zucker* einrieseln lassen und weiterschlagen, bis der Eischnee glänzt. Unter die abgekühlte Creme ziehen.

Kurz vor dem Servieren den Karamell herstellen:

Karamell

4 EL Wasser | 10 EL Puderzucker

❶ In einer Kasserolle mit dickem Boden (für die Wärmeleitfähigkeit) das *Wasser* und den *Puderzucker* auf kleiner Flamme verrühren. Dann bei hoher Temperatur zum Kochen bringen und unter ständigem Rühren das Wasser vollständig verdampfen lassen. Jetzt fängt der Karamell an, golden zu werden, und es muss blitzschnell gehandelt werden, sonst verbrennt er und wird bitter. ❷ Die Kasserolle vom Herd ziehen, mit einer Gabel die Brandteigkugeln aufspießen und in den Karamell tauchen, bis sie überzogen sind und glänzen. Sofort nebeneinander auf den Rand des Brandteigbodens setzen, sodass ein geschlossener Rand entsteht. ❸ Die Creme hineinfüllen, den restlichen Karamell im Topf wieder auf die Herdplatte setzen und dunkelgolden werden lassen. Etwas abkühlen lassen, bis er zäh, aber nicht starr ist. ❹ Den Topf direkt neben den St. Honoré stellen. Eine Gabel eintauchen, Fäden ziehen und blitzschnell über den Rand legen. Dieses zarte Gespinst sieht wunderschön aus, wird aber sehr schnell wieder weich. Also wirklich erst unmittelbar vor dem Servieren fertig stellen. Ihre Gäste warten bestimmt gerne ein bisschen auf diese Köstlichkeit.

VORSICHT

DEN HEISSEN KARAMELL NICHT MIT DEN FINGERN ANFASSEN, DA ES SONST BRANDBLASEN GIBT.

ÜBERBACKENE VANILLEEISBERGE

FÜR 8 PERSONEN

Überbackenes Eis klingt wie ein Paradoxon, ist aber überaus köstlich.

3 fertige braune Biskuitböden *(jeder Boden sollte 1 Zentimeter dick sein)* | 7 Eiweiß | 1 Prise Salz | 200 g feinster weißer Zucker | 2 l feines Vanilleeis | Kokosflocken für die Garnitur

❶ Den Backofen auf 250 °C vorheizen. Mit Hilfe einer Untertasse aus den *Biskuitböden* Kreise mit ca. 10–12 Zentimetern Durchmesser ausschneiden. ❷ Das *Eiweiß* mit dem *Salz* steif schlagen, dabei nach und nach den *Zucker* einrieseln lassen. Das Ganze noch einige Minuten weiterschlagen, bis der Eischnee glänzt. ❸ Das *Vanilleeis* als Berg auf die Biskuitkreise häufen. Es muss jedoch ein Rand des Teiges frei bleiben. Die Baisermasse darüber verteilen und mit dem Löffel kleine Spitzen abheben. ❹ Die Eisberge ca. 3 Minuten im Ofen backen, bis die Spitzen leicht gebräunt sind. Sofort servieren. Als künstlichen Schnee können Sie *Kokosflocken* darüber streuen.

TIPP

MACHEN SIE AUS DEM ÜBRIG GEBLIEBENEN EIGELB EINEN KÖSTLICHEN **EIERLIKÖR** NACH DEM REZEPT AUF SEITE 74.

Festtagsarrangement ganz in **SILBER**.

NÄCHSTE DOPPELSEITE
Zu den **SCHÖNSTEN FARBEN FÜR DIE WEIHNACHTS-DEKORATION** *gehören neben festlichem Silber auch Grün und Rot.*

Menüvorschläge

WEIHNACHTSMENÜ MIT FISCH

Petersilienwurzel-Schaumsüppchen
Granatapfelsalat mit geräucherter Entenbrust
Fisch im Pastetenteigmantel mit Salat
Überbackene Vanilleeisberge

WEIHNACHTSMENÜ MIT SCHWEINEFILET

Schwarzwurzelcremesuppe
Crêpes mit Langustenfüllung
Schweinefilet im Kartoffelmantel
Gâteau St. Honoré

Cuvée
0,75l
ELEGANT
TROCKEN
SEIT 1922

MIT GENUSS INS NEUE JAHR – REZEPTE FÜR DIE SILVESTERPARTY

Silvester gehört wie Weihnachten zu den wenigen Tagen im Jahr, die kaum jemand allein zu Hause verbringt. Das hat Tradition, denn der Jahreswechsel fiel früher in die Zeit der Zwölf Raunächte, die mit der Wintersonnenwende begannen und in denen der Sage nach die Mächte der Finsternis besonders mächtig waren. Geister und Dämonen sollten in dieser Zeit ihr Unwesen treiben und die Wilde Jagd, ein geisterhafter Heerzug, durch die Lüfte jagen. Um sie zu vertreiben, versammelte man sich und machte so viel Lärm wie nur möglich. Dies sollte die Geister und Dämonen vertreiben und davon abhalten, mit ins neue Jahr zu gelangen. Auch heute noch verbringen die meisten Menschen den Silvesterabend gerne zusammen mit anderen und begrüßen das neue Jahr mit all seinen Ungewissheiten mit Böllern und Raketen. ✻ Ich lade meine Freunde und Bekannten gerne zu einer zwanglosen Silvesterparty ein. Für diesen besonderen Abend bietet sich ein Büffet an, denn so kann jeder jederzeit nach Herzenslust naschen. Die Erfahrung zeigt, dass viele Gäste besonders nach Mitternacht noch einmal einen wahren Heißhunger entwickeln können. Eine ebenso große Rolle wie das Essen spielen an Silvester aber auch die Getränke, denn traditionell wird Silvester meistens eher feucht-fröhlich gefeiert.

Das **ANSTOSSEN MIT SEKT** *um Mitternacht gehört zu den typischen Silvesterritualen.*

COCKTAILS UND LONGDRINKS FÜR EINEN GELUNGENEN ABEND

Wenn Sie Ihre Gäste mit einem wohlschmeckenden Mixgetränk begrüßen statt mit dem üblichen Sekt oder Wein, können Sie bereits damit die Stimmung für einen gelungenen Abend schaffen. Ob gerührt oder geschüttelt, exotisch-cremig oder spritzig-frisch, mit diesen leckeren Cocktailkreationen stoßen alle Partygäste gerne gemeinsam auf das neue Jahr an.

CAMPARI-LONGDRINK

FÜR 4 DRINKS

8 cl Campari | 240 ml Orangensaft | zerstoßenes Eis | Sekt

Den gut gekühlten *Campari* mit dem ebenfalls gut gekühlten *Orangensaft* im Mixbecher gut durchschütteln. Etwas *zerstoßenes Eis* in 4 Sektschalen geben, den Drink darauf verteilen und mit gut gekühltem *Sekt* aufgießen.

Variante:

5 cl Campari | 6 cl Orangenlikör *(zum Beispiel Cointreau oder Grand Marnier)* | ¼ l Apfelsaft | 10 cl Grapefruitsaft | 10 Minzeblätter | zerstoßenes Eis

Alle *Zutaten* in einem Krug mischen und mit *zerstoßenem Eis* verrühren. In 4 Gläser füllen.

HIMBEER-CAIPIROSKA

FÜR 1 DRINK

1 Bio-Limette | 80 g Himbeeren (TK) | 2 EL zerstoßenes Eis | 2 EL Rohrzucker | 5 cl Wodka | 3 cl Crème de Cassis (schwarzer Johannisbeerlikör)

Die *Limette* heiß abspülen und in Spalten schneiden. Zusammen mit den gefrorenen *Himbeeren* im Mörser zerstoßen. Mit dem *Eis* und dem *Rohrzucker* in ein Becherglas geben und mit dem *Wodka* sowie der *Crème de Cassis* auffüllen.

SILVESTER IN VORNEHMER GESELLSCHAFT 1912: *Damals wie heute gehören kulinarische Genüsse und ein Toast um Mitternacht zum letzten Abend des Jahres (Illustration aus dem Magazin »La Vie Heureuse« vom 15. Dezember 1912).*

BATIDA DE MARACUJA

FÜR 4 DRINKS

16 cl Cachaça | 8 cl Maracujasirup *(zum Beispiel von Riemerschmidt)* | 32 cl Ananassaft | 8 cl frisch gepresster Limettensaft | Eiswürfel | 2 Scheiben Ananas | 4 Scheiben Limette

Alle *Zutaten* mit Ausnahme der Obstscheiben in einen Shaker geben und kräftig schütteln. *Eiswürfel* in 4 Longdrinkgläser geben und die Flüssigkeit auf die Gläser verteilen. Mit je einer *Limettenscheibe* und einer halben *Ananasscheibe* sowie einem Trinkhalm servieren.

SWIMMINGPOOL

FÜR 1 DRINK

3 cl weißer Rum | 2 cl Wodka | 5 cl Coconut Cream | 5 cl Ananassaft | 1 cl Sahne | 1 cl Blue Curaçao | zerstoßenes Eis | Ananas- und Karambolestücke zum Garnieren

Alle *Zutaten* im Shaker gut schütteln und in ein hohes, mit *zerstoßenem Eis* gefülltes Glas abseihen. Die *Ananas- und Karambolestücke* auf Cocktailspieße stecken und auf den Glasrand legen.

EXOTISCHE BOWLE

FÜR 3 L BOWLE

Saft von 4 Zitronen | 150 g Zucker | 400 ml Wasser | 1 Stängel Zitronengras | 1 Vanilleschote | 30 g frischer Ingwer | 2 Sternanisfrüchte | 5 Gewürznelken | 1 Stange Zimt | ½ reife Ananas | 1 Pitahayas *(Drachenfrüchte)* | 2 Kiwis | 2 Karambole *(Sternfrüchte)* | 3 Orangen | 20 Litschis | 1 kleine Melone | 800 ml lieblicher Weißwein

❶ Den *Zitronensaft* mit *Zucker* und *Wasser* in einem Topf aufkochen. Das *Zitronengras* halbieren. Die *Vanilleschote* aufschlitzen. Den *Ingwer* schälen und in Stücke schneiden. ❷ Alles zusammen mit den *Gewürzen* ca. 5 Minuten köcheln. Abkühlen lassen und die Gewürze entfernen. ❸ Die *Ananas* schälen, vierteln und den Strunk herausschneiden. Die *Pitahayas* und die *Kiwis* schälen und das Fruchtfleisch in Stücke schneiden. Die *Karambole* waschen und in Scheiben schneiden. ❹ Die *Orangen* tief abschälen; es darf keine weiße Haut mehr vorhanden sein. Die Früchte halbieren und quer in Scheiben schneiden. Die *Litschis* schälen und den Fruchtkern entfernen. ❺ Die *Melone* halbieren und mit dem Kugelausstecher kleine Kugeln aus dem Fruchtfleisch lösen. Allen Fruchtsaft auffangen und zu den Früchten geben. ❻ Die Früchte in ein großes Glasgefäß schichten. Den gekühlten *Wein* mit dem gekochten Würzsirup mischen und über die Früchte gießen. Gut zudecken und im Kühlschrank ziehen lassen.

LECKERES FÜRS BÜFFET

Neben den Getränken dürfen die nahrhafteren Köstlichkeiten keinesfalls zu kurz kommen. Im Folgenden habe ich daher ein paar Vorschläge für ein Büffet zusammengestellt. Alle Speisen können entweder kalt serviert oder lange warm gehalten werden.

MAKRELENMOUSSE

Ein Hochgenuss für Fischfans

2 geräucherte Makrelen | 2 Becher Doppelrahm-Frischkäse | 1 TL Sahne-Meerettich | 1 rote Paprikaschote | 2 Schalotten | Salz | frisch gemahlener Pfeffer | Saft einer halben Zitrone

❶ Die Haut und die Gräten der *Makrelen* entfernen. Dann die Makrelen mit dem Pürierstab pürieren. Wenn sie zu trocken sind, etwas *Zitronensaft* dazugeben. ❷ Den *Frischkäse* mit dem *Meerrettich* cremig rühren und unter das Makrelenpüree ziehen. ❸ Die *Paprikaschote* und die *Schalotten* fein würfeln und zur Mousse geben. Mit *Salz*, *Pfeffer* und dem *Zitronensaft* kräftig abschmecken. ❹ In eine dekorative Schüssel füllen und zusammen mit geröstetem Brot oder Stangenweißbrot servieren.

GEFLÜGEL-PILZ-PASTETE

Auf jedem Büffet sollte entweder eine Pastete oder eine Terrine zu finden sein. Sie machen optisch etwas her, weil sie schön verziert werden können, und überstehen auch lange Standzeiten ohne unansehnlich zu werden, sind also geradezu optimal für ein Büffet.

ZUTATEN FÜR EINE PASTETEN- ODER SPRINGFORM MIT CA. 18 ZENTIMETERN DURCHMESSER:

200 g Hühnerleber | Salz | Pfeffer | 6 EL Weinbrand | 150 g Shiitake- oder Austernpilze | 1 EL Butterschmalz | 150 g kleine Pfifferlinge aus der Dose | je 150 g Putenbrust- und Hähnchenbrustfilet | 2 EL gehackte Petersilie | 50 g geröstete Pinienkerne | 250 ml Sahne | 1 Eiweiß | 2 Rollen fertig ausgerollter runder Blätterteig | 1 Eigelb | *Außerdem: Alufolie*

❶ Die *Hühnerleber* klein schneiden, mit *Salz* und *Pfeffer* würzen und mit *Weinbrand* beträufeln. 1 Stunde im Kühlschrank marinieren. ❷ Die *Shiitake-Pilze* abreiben, halbieren und in *Butterschmalz* ca. 5 Minuten anbraten. Die abgetropften *Pfifferlinge* zufügen und weitere 2 Minuten anbraten. Abkühlen lassen. ❸ Das *Geflügelfleisch* waschen, trocken tupfen, in Würfel schneiden und im Mixer klein hacken. Mit *Salz* und *Pfeffer* würzen. Die Leber aus der Marinade nehmen und trocken tupfen. Mit Geflügelfleisch, *Petersilie*, *Pinienkernen*, *Sahne*, *Eiweiß* und Pilzen vermengen. ❹ Die Pasteten- oder

Springform gut einfetten. Den fertigen *Blätterteig* in die Form legen, wobei der Teig ca. 2 Zentimeter über den Formrand überstehen sollte. Die Füllung hineinfüllen und dabei die Form immer wieder auf der Arbeitsplatte aufstoßen, damit sich keine Luftblasen bilden. ❺ Aus der zweiten Teigplatte einen Deckel in der notwendigen Größe ausschneiden, auflegen und den überstehenden, mit *Eigelb* bepinselten Teigrand darüber einschlagen. In die Mitte des Teigdeckels ein kleines Loch schneiden, damit der Dampf entweichen kann. ❻ Aus übrigem Teig Blätter, Kordeln oder andere Motive formen und die Pastete damit verzieren. Mit verquirltem *Eigelb* bestreichen. ❼ Aus Alufolie einen kleinen Schornstein formen und in das ausgeschnittene Loch stecken. Die Pastete im vorgeheizten Backofen bei 200 °C (Umluft 180 °C) ca. 50 Minuten backen. Nach der Hälfte der Backzeit mit Alufolie abdecken, damit der Blätterteig nicht zu dunkel wird.

SCHARF-WÜRZIGER GLASNUDELSALAT MIT GARNELEN

FÜR 8 PERSONEN

Raffiniert – mit einem Hauch von Exotik

* *

100 g Glasnudeln | 1 Stück frischer Ingwer *(ca. 4 Zentimeter)* | 2 Knoblauchzehen | 1 Chilischote | 1 rote Paprikaschote | 1 rote Zwiebel | 1 Bund Koriander | Saft von 5 Limetten | 6 EL thailändische Fischsauce | 3 EL helle Sojasauce | 1 EL Sesamöl | 2 TL brauner Zucker | 1 Avocado | 1 Papaya | 200 g große rohe Garnelen, geschält, ohne Darm | 1 Baby-Ananas | 3 EL geröstete gehackte Erdnüsse

* *

❶ Die *Glasnudeln* mit kochendem Wasser übergießen und 10 Minuten ziehen lassen. ❷ *Ingwer* und *Knoblauch* schälen und zerdrücken. Die *Chili- und Paprikaschote* jeweils halbieren. Kerne und weiße Trennwände entfernen und Schoten in feine Würfel schneiden. Die *Zwiebel* schälen und würfeln. Den *Koriander* fein hacken. ❸ Die *Limetten* auspressen, den Saft mit der *Fisch- und Sojasauce*, dem *Sesamöl* sowie dem *Zucker* verrühren. Die *Avocado* und die *Papaya* schälen und das Fruchtfleisch würfeln. Sofort mit der Sauce vermengen. Ingwer, Knoblauch, Chili- und Paprikaschote, Zwiebel und Koriander dazugeben. ❹ Öl in einer Pfanne erhitzen und *Garnelen* ca. 2 Minuten je Seite anbraten. Die *Ananas* schälen, den Strunk entfernen und in mundgerechte Stücke schneiden. ❺ Die Glasnudeln abgießen und mit einer Schere in ca. 10 Zentimeter lange Stücke schneiden. Zusammen mit der Ananas und den Garnelen vorsichtig unter den Salat mischen und das Ganze in einer Glasschüssel servieren. Mit *Erdnüssen* bestreuen.

Für einen Hauch Schärfe und Exotik auf dem Büffet sorgt der **WÜRZIGE GLASNUDELSALAT MIT GARNELEN.**

GEFÜLLTE SCHNITZELROLLE

FÜR EINE ROLLE

2 kg Schnitzelbraten aus dem entbeinten Kotelettstück | Salz | Pfeffer | 350 g Bratwurstgehäck oder Mett | 350 g Kalbsbratwurstbrät | 50 g Pistazien | 50 g geriebener Greyerzer Käse | 10 Scheiben geräucherter Schinken | 2 El Butterschmalz | ¼ l klare Brühe

❶ Den *Schnitzelbraten* entweder selbst so aufschneiden, dass eine flache Platte entsteht, oder dies vom Fleischer erledigen lassen. Außen und innen gut mit *Salz* und *Pfeffer* würzen. Das *Bratwurstgehäck* und das *Kalbsbratwurstbrät* mit den *Pistazien* und dem *Käse* verkneten. Den *geräucherten Schinken* auf das Fleisch legen und die Mischung aufstreichen. Das Fleisch zusammenrollen und mit Holzspießen feststecken. ❷ Das *Butterschmalz* in einem Bräter erhitzen und die Rolle darin von allen Seiten anbraten. Im Backofen bei 150 °C ca. 2 Stunden braten, dabei nach und nach die *Brühe* zugießen und das Fleisch öfter wenden. In Scheiben schneiden und auf einer Platte anrichten.

Die GEFÜLLTE SCHNITZELROLLE *schmeckt kalt und warm.*

SHERRY-CREME

FÜR 10 PERSONEN

Ein delikates und gut vorzubereitendes Dessert

8 Blatt Gelatine | 6 ganz frische Eier | 120 g Zucker | 1 Päckchen Vanillezucker | 200 ml Sherry medium dry | 400 ml Sahne | Obst zum Dekorieren

❶ *Gelatine* in kaltem Wasser einweichen. Die *Eier* trennen. Das *Eigelb* mit *Zucker* und *Vanillezucker* mit dem Rührgerät so lange schlagen, bis die Masse dickcremig ist, dann unter weiterem Rühren langsam den *Sherry* unterrühren. Dabei ca. 5 EL des Sherrys zurückbehalten. ❷ Diese 5 EL Sherry in einem kleine Topf erhitzen, vom Feuer nehmen und die ausgedrückte Gelatine darin auflösen. Einige EL der Sherrycreme zur Gelatine rühren und dann alles gemeinsam unter die Sherrycreme ziehen. Kühl stellen, bis die Creme zu gelieren beginnt. ❸ Das *Eiweiß* steif schlagen, ebenso die *Sahne*, wobei Sie etwas Sahne zur Dekoration zurückbehalten sollten. Eiweiß und Sahne unter die Creme ziehen, und alles in eine dekorative Schüssel füllen. Mehrere Stunden kalt stellen. Vor dem Servieren mit *Obst* und Sahnetupfern dekorieren.

MULLIGATAWNY-SUPPE

Ein Klassiker der internationalen Suppenküche – stammt ursprünglich aus Indien und heißt übersetzt »Pfefferwasser« wegen der scharfen Currywürze. Die Engländer, damals Kolonialherren in Indien, übernahmen die Suppe und machten zuerst eine Hammelfleischsuppe daraus, was ja bekanntlich nicht jedermanns Sache ist. Deshalb entwickelte sich auf dem europäischen Kontinent eine Hühnerfleisch-Variante, von der es viele Variationen gibt. Eine davon geht wie folgt:

1 kg Hähnchenkeulen oder 1 ganze Poularde | 2 l Wasser oder Instant-Hühnerbrühe | 2 Bund klein geschnittenes Suppengrün | 1 gehackte Zwiebel | 10 Pfefferkörner | 2 Lorbeerblätter | 2 Äpfel | 5 Zentimeter frischen, klein gehackten Ingwer | 30 g Butter | 150 g geräucherter magerer Bauchspeck | 1 Dose Tomaten in Stückchen | 2 EL Mehl | 2 Becher süße Sahne | 150 ml Kokosmilch | 4 EL scharfes Madras-Curry oder Currypaste | Cayennepfeffer | Tabascosauce | Salz | Pfeffer

❶ Die *Hähnchenkeulen* in dem kalten *Wasser* oder der *Brühe* aufsetzen. *Suppengrün*, *Zwiebel*, *Pfefferkörner* und *Lorbeerblätter* dazugeben. Zum Kochen bringen und ca. 1 Stunde leicht köcheln lassen. Eine Viertelstunde vor Kochende die klein geriebenen *Äpfel* und den klein gehackten *Ingwer* dazugeben. ❷ Das Fleisch aus der Brühe nehmen, enthäuten, vom Knochen lösen und in Stücke schneiden. Die Brühe entfetten und die Lorbeerblätter und Pfefferkörner entfernen. Mit dem Mixstab die Brühe pürieren. ❸ Die *Butter* in einer Pfanne schmelzen und den klein gewürfelten *Bauchspeck* darin anbraten. Die *Tomaten* zugeben und das *Mehl* darüber stäuben. Etwas Suppenbrühe dazugießen und unter Rühren einige Minuten köcheln lassen. ❹ Alles zusammen in die Brühe einrühren und abermals 15 Minuten kochen. Hühnchenstücke, *Sahne* und *Kokosmilch* dazugeben. Aufwallen lassen und vom Herd ziehen. ❺ Mit *Currypulver oder -paste*, *Cayennepfeffer*, *Tabasco* sowie *Salz* und *Pfeffer* kräftig abschmecken. Sofort servieren. Dazu kann gekochter Reis gereicht werden, der dann auf die Suppenteller verteilt wird.

TIPP

ANDERE VARIANTEN FÜGEN DER SUPPE NOCH BANANEN ODER MANGOS ZU, WAS SIE FRUCHTIGER MACHT.

Dekorativ mit Früchten und Sahne verziert, ist die **SHERRY-CREME** *ein Höhepunkt des Büffets.*

FEURIGER HERINGS-SALAT

Heringssalaten im Allgemeinen wird nachgesagt, dass sie hervorragend einen kleinen Kater vertreiben. Dieser hier weckt garantiert sämtliche Lebensgeister.

10 zarte Heringsfilets | 2 mittlere Zwiebeln | 3 Tomaten | 200 g grüne gekochte Bohnen | 2 grüne Peperoni aus dem Glas | 2 eingelegte Paprikaschoten aus dem Glas | 1 rote frische Paprikaschote

Die *Heringsfilets* mit Wasser abspülen, trocken tupfen und in Stücke schneiden. Die *Zwiebeln* schälen und in Ringe schneiden. Die *Tomaten* grob würfeln, die *Bohnen*, falls notwendig, halbieren. Die *Peperoni* und die *Paprikaschoten* in Streifen schneiden. Alle Zutaten in einer Schüssel miteinander mischen.

Marinade

1 TL scharfer Senf | 1 Prise Zucker | Salz | Knoblauchsalz | Cayennepfeffer | 2 El Zitronensaft | 6 EL Essig | 6 EL Öl | je ½ Bund Dill und Schnittlauch | 1 TL Meerrettich aus dem Glas

Garnitur

2 Tomaten | 2 hart gekochte Eier | 1 Petersiliensträußchen

Für die Marinade den *Senf* mit *Zucker*, *Salz*, *Knoblauchsalz* und *Cayennepfeffer* verrühren. *Zitronensaft*, *Essig* und *Öl* langsam dazugeben. Die klein geschnittenen *Kräuter* und den *Meerrettich* unterziehen und die Marinade über den Salat gießen. Mit den in Spalten geschnittenen *Tomaten* und *Eiern* sowie der *Petersilie* garnieren.

TIPP

DER SALAT SOLLTE CA. 30 MINUTEN IM KÜHLSCHRANK DURCHZIEHEN. WENN SIE IHN ZU SPÄTERER STUNDE SERVIEREN WOLLEN, STELLEN SIE DEN SALAT UND DIE MARINADE GETRENNT KALT. VERMISCHEN SIE BEIDE ERST CA. 1 STUNDE VOR DEM GEPLANTEN SERVIEREN, DANN SIND ALLE ZUTATEN NOCH SCHÖN KNACKIG.

SCHARFE MITTER-NACHTSSUPPE

FÜR EINEN GROSSEN TOPF SUPPE

1 Bund Suppengrün | 2 Zwiebeln | 1 EL Butter | 2 l Hühnerbrühe *(aus dem Glas)* | 4 Hühnchenbrüste, möglichst mit Knochen | 2 Lorbeerblätter | 10 Pfefferkörner | 4 Dosen Mais | 2 rote Chilischoten | 250 ml Sahne | ½ TL Sambal Oelek | 2 EL Curry | Salz | Pfeffer

❶ *Suppengrün* und *Zwiebeln* zerkleinern und in *Butter* anschwitzen. Die *Brühe* zugießen und alles aufkochen lassen. Dann die *Hühnchenbrüste* zusammen mit *Lorbeerblättern* und *Pfefferkörnern* dazugeben und das Ganze ca. 45 Minuten köcheln lassen. ❷ Hühnerbrüste und Gewürze aus der Brühe nehmen. 2 Dosen *Mais* zur Brühe geben und alles mit dem Schneidstab pürieren. Eine *Chilischote* entkernen und in feine Ringe schneiden, zusammen mit der ganz gelassenen anderen Chilischote in die Suppe geben. Von den Hühnerbrüsten Knochen und Haut entfernen und das Fleisch in mundgerechte Stücke teilen. ❸ Die *Sahne*, den restlichen *Mais* und die Hühnchenstücke in die Suppe rühren und kurz aufkochen lassen. Mit *Sambal Oelek*, *Curry*, *Salz* und *Pfeffer* scharf abschmecken.

FÜR DEN MORGEN DANACH

Und hier noch ein Tipp, falls Ihre Party für einige Gäste doch zu feuchtfröhlich geworden ist. Dieser Cocktail – dessen Name ein amerikanischer Ausdruck für Stierhoden (wörtlich »Prärieauster«) ist – hat den Ruf, müde Geister munter zu machen und den Kater zu vertreiben. Allerdings ohne Gewähr!

PRÄRIE-OYSTER

FÜR 1 DRINK

3 Spritzer Zitronensaft | 3 TL Tomatenketchup | 2 TL Worcestersauce | 1 Tropfen Tabascosauce | 1 Eigelb | Selleriesalz | frisch gemahlener schwarzer Pfeffer

Den *Zitronensaft* mit *Ketchup*, *Worcester- und Tabascosauce* mischen und in ein flaches Cocktailglas gießen. Vorsichtig das *Eigelb* darauf setzen, es soll ganz bleiben. Mit *Selleriesalz* und *Pfeffer* bestreuen und sofort servieren. Der Prärie-Oyster muss im Ganzen getrunken werden.

EINE WUNDERBARE DEKORATION *eines Büffets ist ein Gesteck aus Früchten und Rosen. Dazu einen Steckschwamm kegelförmig zuschneiden und, von unten beginnend, rundum mit Reihen von Obst und Blumen bestecken. Das funktioniert am besten mit auf die richtige Länge gekürzten Schaschlikspießen oder Zahnstochern. Die Früchte sollten von unten nach oben kleiner werden, um eine schöne Kegelform zu erzielen.*

Register der Rezepte

Literaturtipps

CRAMM, DAGMAR VON: Kochen für Gäste und Feste. Über 300 Rezepte, die sicher gelingen. Rezeptfotos von Barbara Bonisolli und Michael Brauner. München 2004.

FESTLICHE WEIHNACHTEN. Das große Koch- und Backbuch. Köln 2003.

FEUERSEE, HERMANN: Der kulinarische Weihnachtsbegleiter. München/Zürich 2003.

GUTEN APPETIT FÜR SIE UND IHRE GÄSTE. Hamburg 1978.

JORIAUX, FRANÇOISE/ARNE KRÜGER: Die Französische Küche à la bonne femme. München 1983.

KÖSTLICHE PARTY-HITS. Neue Ideen für große und kleine Feste. Rastatt 2006.

KOTSCH, MICHAEL (HG.): Weihnachtsbräuche und was sie bedeuten. O.O. 2007.

LECKERE WEIHNACHTSBÄCKEREI. Köln 1979.

RIAS-BUCHER, BARBARA: Das Weihnachts-ABC. Mit zahlreichen Abbildungen. München 2001.

SCHICKERT, HARTMUT: Der kleine wissenschaftliche Adventsbegleiter. Mit 12 Abbildungen. München 2001.

VOSSEN, RÜDIGER: Weihnachtsbräuche in aller Welt. Hamburg 1985.

Bildnachweis

© Bridgeman, Berlin: 9; Kriemhild Finken: 17 links oben; Photocase © emma75: 17 rechts unten; © Bonhams, London, UK/Bridgeman Berlin: 54; © Archives Charmet/Bridgeman Berlin: 96; Photocase © das ich: 107 oben; Photocase © boing: 108 oben; Photocase © dafi: 108 unten; übrige Abbildungen: Finken & Bumiller, Stuttgart.

Wir danken allen Rechteinhabern für die freundliche Genehmigung zum Nachdruck.